"Inteligencia artificial

Y

futuro de la humanidad"

Gilberto Barciela Velázquez

1

Dedicatoria

A aquellos visionarios que soñaron con estrellas y construyeron puentes hacia ellas—tanto los pioneros de la tecnología que trazaron las primeras coordenadas del universo digital, como los maestros que me enseñaron a preguntar, no sólo a responder.

A mi familia, por su amor incondicional y su paciencia sin límites, que han sido el ancla y el faro a lo largo de mi propia travesía por los mares del conocimiento y la innovación.

Y a cada lector que se embarca en este viaje por las páginas de este libro, con la esperanza de que encuentre en él tanto la inspiración para soñar como el conocimiento para actuar. Que este texto no solo ilumine lo que la inteligencia artificial puede hacer, sino que también inspire a cada uno a reflexionar sobre lo que, juntos, deberíamos aspirar a lograr con ella.

Prólogo: Navegando en la Era de la Inteligencia Artificial

En la encrucijada de la historia humana y la innovación tecnológica, la inteligencia artificial (IA) emerge como una de las fuerzas más transformadoras de nuestra era. Este libro, "Inteligencia Artificial y el Futuro de la Humanidad", pretende ser un faro en la densa neblina que rodea esta tecnología revolucionaria, iluminando tanto sus promesas como sus desafíos. La IA no es solo una serie de algoritmos y datos; es un catalizador de cambio que ya está redefiniendo nuestras vidas, economías y sociedades.

Desde la Fascinación hasta el Fundamento

Mi fascinación por la inteligencia artificial comenzó hace décadas, alimentada por relatos de ciencia ficción que imaginaban futuros distantes donde las máquinas pensantes eran tan comunes como los teléfonos inteligentes lo son hoy. Sin embargo, lo que una vez fue material de ficción ha encontrado su lugar en nuestra realidad cotidiana. Esta transformación no ha sido repentina ni simple. Ha sido un viaje complejo y continuo de innovación que ha implicado desafíos tanto técnicos como éticos. En este libro, exploramos este viaje, desde los primeros días de la computación hasta el presente rico en IA, y miramos hacia un futuro que está íntimamente entrelazado con la inteligencia artificial.

La Promesa de la IA

La promesa de la IA es vasta. En el campo de la salud, los sistemas de IA están transformando el diagnóstico y el tratamiento de enfermedades, haciendo descubrimientos que antes eran inimaginables. En la agricultura, las tecnologías inteligentes están haciendo que la producción de alimentos sea más eficiente y menos dañina para el planeta. En la educación, los sistemas adaptativos prometen personalizar el aprendizaje de manera que se ajuste a las necesidades y ritmos únicos de cada estudiante. Estos son solo algunos ejemplos de cómo la IA puede servir como una herramienta poderosa para el bien.

Los Desafíos de la IA

Sin embargo, con gran poder viene una gran responsabilidad. La inteligencia artificial plantea preguntas profundas y difíciles sobre la privacidad, la seguridad, el empleo, la equidad y la moralidad. ¿Cómo podemos garantizar que la IA no exacerbe las desigualdades sociales? ¿Cómo protegemos los datos personales en una era donde la vigilancia se puede realizar a una escala nunca vista? ¿Cómo mantenemos el control sobre tecnologías que están diseñadas para operar de manera autónoma y aprender por sí mismas? Este libro no esquiva estas preguntas; más bien, las enfrenta de frente, buscando caminos que nos lleven a un futuro donde la tecnología y la humanidad coexistan en armonía.

Un Compromiso con la Ética y la Inclusión

Es imperativo que todos —desarrolladores, legisladores, académicos y el público general— participemos activamente en la configuración del futuro de la IA. Este libro aboga por un enfoque ético y colaborativo para el desarrollo de la IA, uno que incluya voces diversas y considere las implicaciones a largo plazo de las decisiones tecnológicas. La inclusión no es solo un imperativo ético; es también una necesidad práctica, pues los sistemas que se crean sin una amplia gama de perspectivas pueden fallar de maneras que no anticipamos.

Mirando hacia el Futuro

A medida que nos embarcamos en este diálogo sobre la inteligencia artificial y su impacto, mi esperanza es que este libro sirva como un recurso valioso, informando y inspirando a una nueva generación de pensadores y hacedores. Estamos en el umbral de un nuevo mundo, uno donde la IA tiene el potencial de mejorar nuestras vidas de maneras increíbles. Pero solo llegaremos a ese futuro si navegamos con cuidado, con un profundo respeto por el poder que hemos desatado.

Este prólogo establece el escenario para un examen detallado de lo que la inteligencia artificial significa para nosotros como individuos y como sociedad. Está diseñado para desafiar, educar y, sobre todo, para invitar a una reflexión crítica sobre una de las herramientas más poderosas que la humanidad haya jamás creado.

Introducción

Presentación del tema y su relevancia en la sociedad actual

La inteligencia artificial (IA) ha dejado de ser un concepto relegado a la ciencia ficción para convertirse en una realidad omnipresente en nuestra vida cotidiana. Desde los algoritmos que recomiendan qué serie ver en las plataformas de streaming hasta los asistentes virtuales que nos ayudan a organizar nuestras tareas diarias, la IA se ha infiltrado en casi todos los aspectos de la existencia humana. Su impacto es tan amplio que no solo está transformando industrias enteras, sino que también está redefiniendo la manera en que nos relacionamos entre nosotros y con el mundo que nos rodea.

La relevancia de la IA en la sociedad actual no puede subestimarse. Esta tecnología ha demostrado ser una herramienta poderosa para resolver problemas complejos que antes parecían insuperables. En sectores como la salud, la IA está revolucionando el diagnóstico y tratamiento de enfermedades, permitiendo intervenciones más precisas y personalizadas. En la industria, la automatización impulsada por IA está optimizando procesos, aumentando la eficiencia y reduciendo los costos. En el ámbito de la investigación científica, la IA está acelerando el descubrimiento de nuevos conocimientos, desde la biología molecular hasta la física de partículas.

Sin embargo, la influencia de la IA no se limita a las aplicaciones prácticas. También está desafiando nuestras nociones más fundamentales sobre lo que significa ser humano. La capacidad de la IA para aprender, tomar decisiones y, en algunos casos, superar el rendimiento humano en tareas específicas, plantea preguntas profundas sobre la naturaleza de la inteligencia, la creatividad y la autonomía. Estos desafíos éticos y filosóficos son tan significativos como los avances tecnológicos que la IA ha permitido, y es crucial que los abordemos con la misma seriedad y rigor.

La interacción entre la IA y la sociedad es una calle de doble sentido. Mientras que la IA está moldeando nuestras vidas, nuestras decisiones y políticas están dando forma al desarrollo y despliegue de la IA. Esta interdependencia subraya la importancia de una comprensión sólida y matizada de lo que la IA es, lo que puede hacer, y lo que podría significar para nuestro futuro colectivo. La discusión sobre la IA ya no es un lujo académico; es una necesidad urgente para todas las personas que buscan entender el presente y prepararse para el futuro.

Además, la inteligencia artificial está afectando las estructuras económicas y laborales. El temor al desplazamiento laboral por parte de las máquinas y algoritmos es una preocupación legítima que requiere atención y acción. Al mismo tiempo, la IA está creando nuevas oportunidades de empleo y formas de trabajo que antes eran inimaginables. La cuestión es cómo gestionar esta transición para maximizar los beneficios y minimizar los daños.

En este contexto, este libro busca explorar el vasto y complejo panorama de la inteligencia artificial. Desde sus fundamentos técnicos hasta sus aplicaciones en diversos campos, y desde sus beneficios potenciales hasta los desafíos éticos y sociales que plantea, este texto ofrecerá una visión integral de la IA. Al hacerlo, esperamos equipar a los lectores con el conocimiento necesario para navegar en un mundo donde la IA juega un papel cada vez más central.

A medida que la IA continúa evolucionando, también lo hará su impacto en la humanidad. El futuro que imaginamos hoy, moldeado por la IA, podría ser muy diferente del que finalmente experimentemos. Este libro es una invitación a reflexionar sobre ese futuro, a considerar las múltiples posibilidades que la IA puede ofrecer y a participar activamente en la configuración de un mundo donde la tecnología y la humanidad coexistan de manera armoniosa y beneficiosa.

Breve historia y evolución de la inteligencia artificial

La historia de la inteligencia artificial es una narrativa fascinante que abarca más de medio siglo de avances científicos y tecnológicos. Aunque la idea de máquinas que imitan la inteligencia humana se remonta a los mitos y leyendas antiguas, el desarrollo formal de la IA como un campo de estudio comenzó a mediados del siglo XX, en el contexto de un mundo que recién empezaba a explorar el potencial de las computadoras.

1. Los Primeros Conceptos y Antecedentes Históricos

El concepto de máquinas inteligentes ha estado presente en la imaginación humana durante siglos. Desde los autómatas de la antigua Grecia hasta los relatos de Golem en la tradición judía, la idea de crear entidades artificiales con capacidades humanas ha sido un tema recurrente. Sin embargo, fue en el siglo XVII cuando filósofos como René Descartes empezaron a plantear de manera más sistemática las posibilidades de la inteligencia artificial, aunque en términos filosóficos más que prácticos.

El verdadero precursor de la IA moderna puede encontrarse en el trabajo de matemáticos y lógicos como George Boole, cuyo álgebra booleana sentó las bases para la lógica computacional. Pero fue en el siglo XX, con la llegada de la teoría de la computación, cuando la IA comenzó a tomar forma como una disciplina científica.

2. Alan Turing y el Nacimiento de la IA Moderna

La figura de Alan Turing es central en la historia de la inteligencia artificial. Su trabajo durante la Segunda Guerra Mundial, descifrando códigos nazis con la máquina Enigma, mostró el poder de las computadoras para realizar tareas complejas. En 1950, Turing publicó su influyente artículo "Computing Machinery and Intelligence", en el que planteaba la famosa pregunta: "¿Pueden las máquinas pensar?". Turing propuso lo que hoy conocemos como el "Test de Turing", un criterio para evaluar la capacidad de una máquina para exhibir un comportamiento inteligente indistinguible del de un humano.

Este artículo marcó el inicio de la IA como un campo de estudio formal. Turing no solo especuló sobre la posibilidad de máquinas pensantes, sino que también delineó un camino para su creación, estableciendo las bases conceptuales y filosóficas que guiarían la investigación en IA durante las décadas siguientes.

3. La Conferencia de Dartmouth y el Surgimiento de la IA como Disciplina

El nacimiento oficial de la inteligencia artificial como campo académico se sitúa en 1956, durante la

Conferencia de Dartmouth. Organizada por John McCarthy, Marvin Minsky, Nathaniel Rochester y Claude Shannon, esta conferencia reunió a un grupo de científicos para explorar la idea de que "cada aspecto del aprendizaje o cualquier otra característica de la inteligencia puede, en principio, ser descrito con tanta precisión que una máquina puede ser hecha para simularlo". McCarthy acuñó el término "inteligencia artificial" durante este evento, estableciendo un nombre y una identidad para el campo.

La conferencia de Dartmouth dio lugar a un período de gran optimismo conocido como la "primavera de la IA". Los investigadores creían que estaban al borde de crear máquinas capaces de realizar cualquier tarea intelectual humana. Se desarrollaron los primeros programas de IA, como Logic Theorist, que demostraba teoremas de lógica, y el programa de ajedrez de Alan Newell y Herbert Simon, que fue uno de los primeros en jugar partidas a un nivel competitivo.

4. Los Años de los "Inviernos de la IA"

Sin embargo, este optimismo inicial fue seguido por períodos de desilusión y retroceso, conocidos como "inviernos de la IA". Estos ocurrieron cuando las promesas de avances rápidos y dramáticos no se materializaron, y los fondos para la investigación disminuyeron. El primer invierno de la IA comenzó en la década de 1970, cuando quedó claro que las expectativas sobre la capacidad de las computadoras para entender y generar lenguaje natural, entre otras tareas, eran demasiado optimistas. Las limitaciones tecnológicas de la época, junto con la falta de progreso en resolver problemas fundamentales, llevaron a una disminución significativa en el entusiasmo y la inversión en el campo.

El segundo invierno de la IA, a finales de los 80 y principios de los 90, se debió a la decepción con los sistemas expertos, que habían sido muy promovidos durante la década anterior. Estos sistemas, diseñados para emular la toma de decisiones de expertos humanos en áreas específicas, resultaron ser costosos de desarrollar y mantener, y a menudo no funcionaban tan bien como se había esperado.

5. El Resurgimiento de la IA: Aprendizaje Automático y Redes Neuronales

A partir de la década de 1990, la IA comenzó a resurgir gracias a varios factores clave. El avance en la capacidad de cómputo y la disponibilidad de grandes cantidades de datos, junto con nuevos enfoques en el aprendizaje automático (machine learning), revitalizaron el campo. En particular, las redes neuronales, que habían sido propuestas en las décadas de 1950 y 1960 pero que habían caído en desuso, experimentaron un renacimiento. La introducción de técnicas como el aprendizaje profundo (deep learning) permitió a las redes neuronales superar a otras técnicas en tareas complejas como el reconocimiento de imágenes y el procesamiento del lenguaje natural.

Este resurgimiento fue impulsado por hitos como la victoria de Deep Blue de IBM sobre el campeón mundial de ajedrez Garry Kasparov en 1997, y más tarde por la victoria de AlphaGo de Google DeepMind sobre el campeón mundial de Go, Lee Sedol, en 2016. Estos eventos demostraron no solo el poder de la IA para realizar tareas altamente especializadas, sino también su potencial para superar las habilidades humanas en dominios complejos.

6. La IA en la Era Contemporánea: De la Especificidad a la Generalidad

En la actualidad, la inteligencia artificial ha avanzado desde la solución de problemas específicos a la exploración de la inteligencia general. Si bien la mayoría de los sistemas de IA son todavía "IA débil" (narrow AI), diseñados para realizar tareas específicas, la investigación en "IA fuerte" (general AI) sigue siendo un área de interés, con el objetivo de crear máquinas que puedan replicar la inteligencia humana en un sentido amplio y adaptable.

Además, la IA ha salido de los laboratorios de investigación para integrarse en productos y servicios cotidianos. Desde asistentes virtuales como Siri y Alexa hasta sistemas de recomendación en plataformas como Netflix y Amazon, la IA se ha convertido en una parte integral de nuestras vidas. En la medicina, la IA está ayudando a diagnosticar enfermedades con una precisión que rivaliza con la de los expertos humanos. En la industria, la automatización inteligente está transformando las cadenas de suministro y la fabricación.

7. Reflexiones Finales sobre la Evolución de la IA

La historia de la inteligencia artificial es una historia de altibajos, de grandes esperanzas y desafíos significativos. A medida que la IA continúa evolucionando, nos encontramos en un punto de inflexión en el que debemos considerar no solo lo que la tecnología puede hacer, sino también cómo queremos que impacte en nuestras vidas y en la sociedad en general. La evolución de la IA no es solo una cuestión de avances tecnológicos, sino también de decisiones éticas, sociales y políticas que definirán el papel de la IA en el futuro de la humanidad.

Este recorrido histórico nos prepara para una exploración más profunda en los capítulos siguientes, donde analizaremos los fundamentos de la IA, sus aplicaciones, beneficios y desafíos, así como su impacto en la sociedad y las posibles direcciones futuras. Con una comprensión clara de cómo hemos llegado hasta aquí, podemos comenzar a imaginar y moldear el futuro que deseamos en un mundo donde la IA juega un papel cada vez más central.

Capítulo 1: Fundamentos de la Inteligencia Artificial

Definición y concepto de IA

La inteligencia artificial (IA) es un campo de la informática y la ingeniería que se centra en la creación de sistemas capaces de realizar tareas que, cuando son realizadas por seres humanos, requieren inteligencia. Estas tareas incluyen el reconocimiento de patrones, la toma de decisiones, la comprensión del lenguaje natural, el aprendizaje a partir de la experiencia y la adaptación a nuevas circunstancias. El término "inteligencia artificial" se refiere tanto a la ciencia de diseñar y construir máquinas inteligentes como a las aplicaciones prácticas de estas tecnologías en diversos campos.

1. La IA como Simulación de la Inteligencia Humana

En su núcleo, la inteligencia artificial busca simular aspectos específicos de la inteligencia humana. Desde sus primeros días, los investigadores de IA han intentado replicar habilidades humanas fundamentales como el razonamiento lógico, la resolución de problemas, la planificación y la percepción sensorial. Uno de los primeros logros en este campo fue el desarrollo de programas capaces de jugar al ajedrez, resolver problemas matemáticos y responder preguntas en lenguaje natural. Estos logros iniciales demostraron que las máquinas podían, en principio, realizar tareas que requerían una considerable capacidad cognitiva humana.

Sin embargo, a medida que se desarrollaba el campo de la IA, quedó claro que replicar la inteligencia humana en su totalidad era un desafío inmensamente complejo. La inteligencia humana es multifacética, involucra no solo el razonamiento lógico y la resolución de problemas, sino también la creatividad, la intuición, las emociones y la capacidad de aprender de manera continua y adaptativa. Esta comprensión llevó al desarrollo de diferentes enfoques dentro del campo de la IA, cada uno centrado en aspectos específicos de la inteligencia.

2. Definiciones Operativas de IA

Definir la inteligencia artificial ha sido un desafío en sí mismo. Una de las definiciones más citadas proviene de John McCarthy, uno de los pioneros del campo, quien describió la IA como "la ciencia e ingeniería de hacer máquinas inteligentes, especialmente programas de cómputo inteligentes". Esta definición pone énfasis en la creación de sistemas que puedan llevar a cabo tareas inteligentes, independientemente de si utilizan los mismos procesos que un cerebro humano.

Otra definición operativa común es la de Stuart Russell y Peter Norvig, quienes en su influyente libro "Artificial Intelligence: A Modern Approach" clasifican la IA en cuatro enfoques principales:

1. **Sistemas que piensan como humanos:** Este enfoque busca replicar los procesos mentales humanos en máquinas, utilizando modelos cognitivos que emulan el pensamiento humano.

2. **Sistemas que actúan como humanos:** Aquí, el objetivo es crear sistemas que actúen de manera similar a los humanos, incluyendo la capacidad de interactuar con el entorno y realizar tareas de manera autónoma.

3. **Sistemas que piensan racionalmente:** Este enfoque se centra en la lógica y la razón, buscando desarrollar máquinas que puedan razonar de manera lógica y tomar decisiones basadas en reglas y principios.

4. **Sistemas que actúan racionalmente:** Estos sistemas no solo piensan de manera racional, sino que también actúan de manera que maximicen sus posibilidades de éxito en un entorno dado.

Cada una de estas definiciones refleja una faceta diferente de lo que podría considerarse inteligencia artificial, lo que subraya la amplitud y la diversidad del campo. Dependiendo del contexto y del objetivo específico, la IA puede enfocarse más en la simulación del pensamiento humano o en la optimización del rendimiento en tareas específicas.

3. Inteligencia Artificial versus Inteligencia Humana

Un aspecto importante en la definición de la IA es cómo se compara con la inteligencia humana. Mientras que la IA se enfoca en la resolución de problemas mediante procesos algorítmicos y la manipulación de datos, la inteligencia humana es un fenómeno biológico que involucra una compleja interacción de neuronas, emociones, experiencias previas y procesos cognitivos.

La inteligencia humana es capaz de entender contextos complejos, adaptarse a situaciones imprevistas y tomar decisiones basadas en valores éticos y sociales, aspectos que la IA, en su forma actual, no puede replicar completamente.

La inteligencia humana también se caracteriza por su capacidad de aprender de manera continua y transferir ese conocimiento a diferentes dominios. Aunque la IA puede aprender y mejorar su rendimiento en tareas específicas a través del aprendizaje automático, su capacidad de transferir conocimientos entre diferentes contextos es limitada. Esta distinción es fundamental para entender las fortalezas y limitaciones actuales de la IA.

4. La IA como Ciencia y Tecnología

La inteligencia artificial no solo es un campo de estudio académico, sino también una tecnología aplicada. Como ciencia, la IA busca entender y modelar los procesos de inteligencia; como tecnología, busca crear sistemas que puedan resolver problemas prácticos. Esta dualidad ha llevado a un desarrollo dinámico del campo, donde los avances teóricos se traducen rápidamente en aplicaciones prácticas que afectan a una amplia gama de industrias.

La IA también se distingue por su enfoque interdisciplinario. Combina elementos de la informática, la matemática, la psicología, la neurociencia, la ingeniería y otras disciplinas para crear modelos y algoritmos que pueden imitar o superar las capacidades humanas en tareas específicas. Esta integración de conocimientos de diferentes campos es una de las razones por las que la IA ha avanzado tan rápidamente en las últimas décadas.

5. Perspectivas y Desafíos en la Definición de IA

La definición de inteligencia artificial continúa evolucionando a medida que la tecnología avanza. Lo que una vez se consideró IA (como la capacidad de jugar ajedrez a nivel de campeonato) ahora se ve como una tarea computacional estándar. Esto ha llevado a un fenómeno conocido como el "efecto IA", donde las tareas que una vez se consideraron como inteligencia artificial avanzada se vuelven comunes y se dejan de considerar como IA.

Además, la rápida evolución de la IA plantea desafíos en términos de definición y conceptualización. A medida que la IA se convierte en una parte integral de nuestra vida cotidiana, desde los asistentes virtuales hasta los sistemas de recomendación, es posible que necesitemos redefinir continuamente lo que entendemos por inteligencia artificial. Esta adaptación constante será crucial para abordar los futuros desarrollos y desafíos en el campo.

Tipos de IA: IA Débil y IA Fuerte

La clasificación de la inteligencia artificial en "IA débil" y "IA fuerte" es una de las distinciones más importantes en el campo, ya que refleja las diferencias en la capacidad y el alcance de los sistemas de IA. Esta categorización no solo es esencial para entender las capacidades actuales de la IA, sino también para anticipar su evolución futura.

1. Inteligencia Artificial Débil (Narrow AI)

La IA débil, también conocida como IA estrecha o "narrow AI", se refiere a sistemas diseñados y entrenados para realizar tareas específicas. Estas tareas pueden ser altamente complejas, como jugar ajedrez o reconocer patrones en imágenes, pero la IA débil está limitada a un dominio particular. No posee la capacidad de transferir su conocimiento o habilidades a otros dominios fuera de su programación original.

Ejemplos de IA débil incluyen:

- **Asistentes virtuales:** Como Siri, Alexa o Google Assistant, que pueden realizar tareas como responder preguntas, configurar recordatorios o controlar dispositivos inteligentes.

- **Sistemas de recomendación:** Utilizados por plataformas como Netflix o Amazon, que sugieren contenido o productos basados en el comportamiento y las preferencias del usuario.

- **Algoritmos de reconocimiento de imágenes:** Que pueden identificar objetos, personas o texto en imágenes, utilizados en aplicaciones como Google Photos o en sistemas de seguridad.

La IA débil se basa en algoritmos específicos que permiten a las máquinas procesar grandes cantidades de datos para tomar decisiones o realizar tareas dentro de un conjunto de parámetros predefinidos. Aunque puede mejorar con el tiempo a través del aprendizaje automático, su capacidad de mejora está limitada al dominio en el que fue entrenada.

2. Limitaciones de la IA Débil

Una de las principales limitaciones de la IA débil es su falta de comprensión generalizada. Aunque puede superar a los humanos en tareas específicas, como el reconocimiento de patrones en imágenes, carece de la capacidad para razonar, comprender el contexto o tomar decisiones fuera de su ámbito programado. Por ejemplo, un sistema de IA débil que ha sido entrenado para identificar gatos en imágenes no podrá reconocer un perro sin entrenamiento adicional.

Además, la IA débil no tiene conciencia ni entendimiento del significado detrás de las tareas que realiza. Puede procesar datos y producir resultados precisos, pero no entiende el por qué o el para qué de sus acciones. Esto limita su capacidad para interactuar de manera significativa con el mundo más allá de los parámetros para los cuales fue programada.

3. Inteligencia Artificial Fuerte (General AI)

La IA fuerte, también conocida como inteligencia artificial general (AGI, por sus siglas en inglés), es un concepto que se refiere a sistemas de IA con la capacidad de entender, aprender y aplicar conocimientos de manera generalizada, similar a la inteligencia humana. La IA fuerte no solo puede realizar una amplia gama de tareas en diferentes dominios, sino que también puede transferir conocimientos y habilidades de un dominio a otro, adaptándose a nuevas situaciones de manera autónoma.

El objetivo de la IA fuerte es crear máquinas que no solo imiten el comportamiento humano, sino que también posean una comprensión profunda y contextual del mundo, permitiéndoles tomar decisiones y resolver problemas en una variedad de contextos sin necesidad de ser reprogramadas o entrenadas para cada situación específica.

4. Potencial y Desafíos de la IA Fuerte

El desarrollo de la IA fuerte representa uno de los mayores desafíos y oportunidades en el campo de la inteligencia artificial. A diferencia de la IA débil, que ya es una realidad en muchos aspectos de nuestra vida diaria, la IA fuerte sigue siendo en gran medida un concepto teórico. A pesar de los avances significativos en áreas como el aprendizaje automático y el procesamiento del lenguaje natural, la creación de una inteligencia artificial general que pueda igualar o superar la inteligencia humana en todos los aspectos sigue siendo un objetivo a largo plazo.

Uno de los principales desafíos en el desarrollo de la IA fuerte es la creación de sistemas que puedan aprender de manera autónoma y generalizar ese aprendizaje a nuevas situaciones. Esto requiere no solo avances en algoritmos y arquitecturas de redes neuronales, sino también una comprensión más profunda de la cognición humana y de cómo replicarla en máquinas.

Además, la IA fuerte plantea importantes cuestiones éticas y filosóficas. Si logramos crear una inteligencia artificial que pueda pensar y aprender como un ser humano, ¿deberíamos considerarla como una entidad con derechos? ¿Cómo se regularía su uso y qué implicaciones tendría para la sociedad? Estas preguntas subrayan la complejidad del camino hacia la inteligencia artificial general y la necesidad de abordarlas de manera cuidadosa y deliberada.

5. Diferencias Fundamentales entre IA Débil y IA Fuerte

La distinción entre IA débil y IA fuerte no solo es técnica, sino también filosófica. Mientras que la IA débil está diseñada para resolver problemas específicos dentro de un marco definido, la IA fuerte busca replicar la capacidad humana de razonar, aprender y adaptarse de manera autónoma. Esta diferencia es crucial para entender el potencial futuro de la inteligencia artificial y los desafíos que enfrentamos en su desarrollo.

- **Capacidad de Adaptación:** La IA débil es limitada en su capacidad para adaptarse a nuevas tareas sin reentrenamiento, mientras que la IA fuerte debería poder aprender y adaptarse a nuevas situaciones sin intervención humana.

- **Ámbito de Aplicación:** La IA débil se limita a un dominio específico, mientras que la IA fuerte aspira a tener una comprensión general del mundo, similar a la inteligencia humana.

- **Conciencia y Comprensión:** Mientras que la IA débil carece de una comprensión profunda del contexto o del significado de las tareas que realiza, la IA fuerte tendría una capacidad de comprensión similar a la humana.

6. Estado Actual de la Investigación en IA Fuerte

La IA fuerte sigue siendo un tema de investigación en curso y, hasta la fecha, no se ha logrado desarrollar una inteligencia artificial que cumpla con todos los requisitos de una AGI. Sin embargo, los avances en el aprendizaje profundo, las redes neuronales y otras técnicas de IA están acercándonos a una mejor comprensión de lo que se necesitaría para lograr este objetivo.

Algunas líneas de investigación se centran en la creación de arquitecturas más flexibles y adaptativas que puedan aprender de manera más similar a cómo lo hacen los humanos. Otros enfoques están explorando la posibilidad de combinar diferentes técnicas de IA para crear sistemas más versátiles y robustos. Aunque la creación de una IA fuerte todavía está lejos, la investigación en este campo continúa siendo una de las áreas más emocionantes y desafiantes de la inteligencia artificial.

Aprendizaje Automático y Redes Neuronales

El aprendizaje automático (machine learning) y las redes neuronales son dos de las tecnologías fundamentales que han impulsado los avances recientes en inteligencia artificial. Estas técnicas han permitido a las máquinas no solo realizar tareas específicas con gran precisión, sino también mejorar su rendimiento con el tiempo mediante el aprendizaje a partir de datos.

1. Fundamentos del Aprendizaje Automático

El aprendizaje automático es una subdisciplina de la inteligencia artificial que se centra en el desarrollo de algoritmos y modelos que permiten a las máquinas aprender de los datos. En lugar de ser programadas explícitamente para realizar una tarea, las máquinas pueden utilizar algoritmos de aprendizaje automático para identificar patrones en los datos, hacer predicciones y mejorar su rendimiento con el tiempo.

El aprendizaje automático se basa en tres tipos principales de algoritmos:

- **Aprendizaje supervisado:** En este enfoque, los algoritmos aprenden a partir de un conjunto de datos etiquetados, donde el modelo es entrenado para mapear entradas a salidas específicas. Ejemplos incluyen la clasificación de imágenes y la predicción de valores numéricos.

- **Aprendizaje no supervisado:** Aquí, el modelo aprende a identificar patrones o estructuras en datos sin etiquetas, como la agrupación de datos en clústeres o la reducción de dimensionalidad.

- **Aprendizaje por refuerzo:** Este enfoque se basa en la idea de que los agentes aprenden a tomar decisiones mediante la interacción con un entorno y recibiendo recompensas o castigos en función de sus acciones. Es especialmente útil en situaciones donde las decisiones tienen consecuencias a largo plazo, como en los juegos o en la robótica.

2. Redes Neuronales: Inspiración en el Cerebro Humano

Las redes neuronales son modelos computacionales inspirados en la estructura y el funcionamiento del cerebro humano. Una red neuronal está compuesta por capas de neuronas artificiales, cada una de las cuales realiza cálculos simples y transmite información a las neuronas de la siguiente capa. A través de un proceso de ajuste de los pesos de las conexiones entre las neuronas, la red neuronal aprende a realizar tareas específicas, como el reconocimiento de patrones o la predicción de valores.

Las redes neuronales se dividen en varios tipos, cada uno con características específicas que los hacen adecuados para diferentes tipos de tareas:

- **Redes neuronales feedforward:** Son las redes neuronales más simples, donde la información fluye en una sola dirección, desde las entradas hasta las salidas, sin bucles ni retroalimentación.

- **Redes neuronales convolucionales (CNN):** Especialmente eficaces en el procesamiento de datos espaciales, como imágenes y videos, las CNN son fundamentales en aplicaciones de visión por computadora.

- **Redes neuronales recurrentes (RNN):** Diseñadas para procesar secuencias de datos, como el habla o el texto, las RNN son esenciales en aplicaciones de procesamiento del lenguaje natural y reconocimiento de voz.

3. Aprendizaje Profundo (Deep Learning)

El aprendizaje profundo es un subcampo del aprendizaje automático que se basa en redes neuronales con muchas capas ocultas, lo que les permite aprender representaciones de datos a múltiples niveles de abstracción. Este enfoque ha sido fundamental para lograr avances significativos en áreas como el reconocimiento de voz, la traducción automática, la generación de imágenes y el juego de estrategia.

- **Ventajas del Aprendizaje Profundo:** Una de las principales ventajas del aprendizaje profundo es su capacidad para manejar grandes cantidades de datos y encontrar patrones complejos que serían difíciles de identificar con métodos tradicionales. Además, los modelos de aprendizaje profundo pueden generalizar mejor a nuevas situaciones, lo que los hace útiles en una amplia gama de aplicaciones.

- **Desafíos del Aprendizaje Profundo:** A pesar de sus ventajas, el aprendizaje profundo también enfrenta varios desafíos. Estos incluyen la necesidad de grandes volúmenes de datos etiquetados para el entrenamiento, la alta demanda computacional y la dificultad para interpretar los modelos, lo que a menudo se conoce como el problema de la "caja negra". Además, los modelos de aprendizaje profundo pueden ser vulnerables a ataques adversariales, donde pequeñas perturbaciones en los datos de entrada pueden llevar a predicciones incorrectas.

4. Aplicaciones del Aprendizaje Automático y Redes Neuronales

El aprendizaje automático y las redes neuronales han transformado una amplia gama de industrias y aplicaciones. Algunos ejemplos destacados incluyen:

- **Visión por Computadora:** El reconocimiento de imágenes y video ha avanzado enormemente gracias a las redes neuronales convolucionales, permitiendo aplicaciones como el reconocimiento facial, la conducción autónoma y el diagnóstico médico a partir de imágenes.

- **Procesamiento del Lenguaje Natural (NLP):** Los modelos de redes neuronales recurrentes y transformadores han mejorado significativamente el procesamiento del lenguaje natural, permitiendo aplicaciones como la traducción automática, la generación de texto y los chatbots.

- **Robótica:** El aprendizaje por refuerzo y las redes neuronales se utilizan para entrenar robots para realizar tareas complejas en entornos dinámicos, como la manipulación de objetos y la navegación autónoma.

5. Limitaciones y Desafíos Futuras

A pesar de los impresionantes avances, el aprendizaje automático y las redes neuronales enfrentan limitaciones que deben abordarse para continuar avanzando en el campo de la inteligencia artificial. Estas incluyen la necesidad de grandes cantidades de datos etiquetados, la dificultad para explicar las decisiones tomadas por los modelos y los desafíos éticos relacionados con el sesgo y la equidad en los modelos de IA.

El futuro del aprendizaje automático y las redes neuronales probablemente verá avances en la interpretación de modelos, la reducción de la dependencia de grandes cantidades de datos etiquetados y la mejora de la robustez y la seguridad de los sistemas de IA. Estos avances serán cruciales para abordar los desafíos actuales y permitir la creación de sistemas de IA más generales y adaptativos.

Conclusión del Capítulo 1

Este primer capítulo ha sentado las bases para una comprensión profunda de la inteligencia artificial. Hemos explorado las definiciones y conceptos clave, distinguido entre los diferentes tipos de IA y profundizado en las tecnologías fundamentales como el aprendizaje automático y las redes neuronales. Estos conceptos son esenciales para comprender los avances actuales y futuros en la IA, así como sus aplicaciones y desafíos. En los siguientes capítulos, exploraremos cómo estas tecnologías se están aplicando en diversas industrias y cómo están transformando nuestra sociedad y economía.

Capítulo 2: Aplicaciones actuales de la Inteligencia Artificial

Uso de la IA en la Industria y el Comercio

La inteligencia artificial (IA) ha revolucionado la industria y el comercio, creando un cambio de paradigma en cómo las empresas operan, toman decisiones y crean valor. Desde la optimización de procesos de fabricación hasta la personalización de la experiencia del cliente, la IA ha demostrado ser un motor crucial de eficiencia y competitividad en el mercado global.

1. Optimización de la Producción y la Manufactura

En el sector manufacturero, la IA se ha convertido en una herramienta indispensable para mejorar la eficiencia y reducir costos. Los sistemas de inteligencia artificial permiten la automatización de procesos complejos, el monitoreo en tiempo real de maquinaria y la predicción de fallos antes de que ocurran.

- **Mantenimiento predictivo:** A través del análisis de grandes volúmenes de datos generados por sensores en equipos industriales, los algoritmos de IA pueden predecir cuándo es probable que ocurra un fallo en la maquinaria. Esto permite a las empresas realizar el mantenimiento necesario

35

antes de que se produzcan averías costosas, minimizando el tiempo de inactividad y prolongando la vida útil de los equipos.

- **Automatización de la cadena de suministro:** La IA también se utiliza para optimizar la cadena de suministro, desde la adquisición de materias primas hasta la distribución de productos terminados. Los algoritmos pueden predecir la demanda con mayor precisión, lo que permite a las empresas gestionar sus inventarios de manera más eficiente y evitar el exceso o la falta de stock.

- **Robótica industrial:** Los robots impulsados por IA están transformando la manufactura al realizar tareas repetitivas con alta precisión y velocidad. Además, los robots colaborativos, o "cobots", están diseñados para trabajar junto a los humanos, mejorando la seguridad y eficiencia en las fábricas.

2. Personalización y Marketing en Comercio

La inteligencia artificial ha revolucionado el marketing al permitir una personalización sin precedentes en la interacción con los clientes. Las empresas pueden ahora ofrecer productos y servicios altamente personalizados basados en el análisis de datos de comportamiento y preferencias del consumidor.

- **Sistemas de recomendación:** Utilizados por plataformas como Amazon, Netflix y Spotify, los sistemas de recomendación basados en IA analizan el historial de navegación y compra de los usuarios para sugerir productos o contenido que sean relevantes para cada individuo. Esto no solo mejora la experiencia del usuario, sino que también incrementa las tasas de conversión y la fidelización del cliente.

- **Publicidad dirigida:** Los algoritmos de IA permiten la creación de campañas publicitarias altamente segmentadas. Analizando datos demográficos, de comportamiento y geográficos, la IA puede identificar los grupos de consumidores más propensos a responder positivamente a una campaña publicitaria específica, optimizando el gasto publicitario y maximizando el retorno de inversión.

- **Chatbots y asistentes virtuales:** En el comercio electrónico, los chatbots impulsados por IA ofrecen soporte al cliente las 24 horas del día, respondiendo preguntas frecuentes, asistiendo en la realización de pedidos y resolviendo problemas en tiempo real. Estos asistentes virtuales no solo mejoran la satisfacción del cliente, sino que también reducen la carga de trabajo del personal humano.

3. Gestión de Inventarios y Logística

La gestión eficiente del inventario es crucial para el éxito en el comercio, y la IA está transformando esta área mediante el uso de algoritmos avanzados que analizan patrones de demanda y optimizan el aprovisionamiento.

- **Previsión de la demanda:** Los sistemas de IA pueden predecir la demanda de productos con gran precisión al analizar datos históricos, tendencias de mercado y factores externos como el clima o eventos sociales. Esto permite a las empresas ajustar sus niveles de inventario en tiempo real, reduciendo costos y evitando tanto el desabastecimiento como el exceso de stock.

- **Logística inteligente:** La IA se aplica en la optimización de rutas de entrega y la gestión de almacenes. Los algoritmos pueden determinar las rutas más eficientes para la distribución de productos, minimizando los tiempos de entrega y reduciendo los costos de transporte. Además, la automatización de almacenes mediante robots y sistemas de IA mejora la velocidad y precisión en la preparación de pedidos.

4. Transformación Digital y Toma de Decisiones

La inteligencia artificial está en el corazón de la transformación digital de las empresas, permitiendo una toma de decisiones más informada y ágil. Los sistemas de IA analizan grandes volúmenes de datos en tiempo real, proporcionando a los líderes empresariales información clave para tomar decisiones estratégicas.

- **Análisis predictivo:** Los modelos de IA pueden prever tendencias futuras, permitiendo a las empresas anticiparse a cambios en el mercado y ajustar sus estrategias en consecuencia. Este análisis predictivo es particularmente útil en la gestión de riesgos, donde las empresas pueden identificar y mitigar posibles amenazas antes de que se materialicen.

- **Optimización del precio:** La IA permite a las empresas ajustar dinámicamente los precios de sus productos y servicios en función de la demanda, la competencia y otros factores del mercado. Esto es especialmente útil en sectores como la aviación y la hostelería, donde los precios pueden variar considerablemente en función de la oferta y la demanda.

5. Ejemplos de Aplicación en la Industria

Empresas líderes en diversas industrias ya están utilizando IA para transformar sus operaciones:

- **General Electric (GE):** Utiliza IA para el mantenimiento predictivo en su maquinaria industrial, lo que ha reducido significativamente los costos de mantenimiento y aumentado la eficiencia operativa.

- **Walmart:** Implementa algoritmos de IA para gestionar su inmensa cadena de suministro, mejorando la precisión en la previsión de la demanda y la eficiencia en la distribución de productos a nivel global.

- **Coca-Cola:** Ha integrado IA en su marketing digital, utilizando análisis de datos para personalizar ofertas y promociones a clientes individuales en tiempo real.

Conclusión

El uso de la inteligencia artificial en la industria y el comercio está transformando la forma en que las empresas operan, mejorando la eficiencia, reduciendo costos y personalizando la experiencia del cliente. A medida que la tecnología continúa avanzando, es probable que la adopción de la IA se amplíe aún más, con impactos profundos en todos los aspectos del comercio global.

IA en la Atención Médica

La inteligencia artificial está revolucionando el campo de la atención médica, mejorando la precisión en el diagnóstico, personalizando los tratamientos y optimizando la gestión de los recursos sanitarios. La IA está permitiendo avances que antes eran inimaginables, desde la detección temprana de enfermedades hasta la creación de tratamientos personalizados basados en el perfil genético de los pacientes.

1. Diagnóstico y Detección Temprana de Enfermedades

Uno de los usos más prometedores de la IA en la atención médica es su capacidad para mejorar la precisión y la velocidad en el diagnóstico de enfermedades. Los algoritmos de IA pueden analizar grandes volúmenes de datos médicos, como imágenes de rayos X, resonancias magnéticas y resultados de pruebas de laboratorio, para identificar patrones y señales que pueden pasar desapercibidos para los médicos.

- **Detección temprana del cáncer:** La IA se está utilizando para detectar cáncer en etapas tempranas, donde las probabilidades de tratamiento exitoso son mayores. Por ejemplo, los algoritmos de aprendizaje profundo pueden analizar mamografías para detectar signos de cáncer de mama con una precisión que iguala o supera a la de los radiólogos humanos. Similarmente, se están desarrollando herramientas para la detección de cáncer de piel, pulmón y otros tipos de cáncer a partir de imágenes y datos clínicos.

- **Diagnóstico de enfermedades cardiovasculares:** La IA también se está utilizando para predecir el riesgo de enfermedades cardiovasculares al analizar datos de pacientes, como el historial médico, los resultados de exámenes y factores de estilo de vida. Estas predicciones permiten a los médicos intervenir antes de que se desarrollen condiciones graves, mejorando así los resultados de los pacientes.

- **Detección de enfermedades neurodegenerativas:** Los algoritmos de IA están ayudando a identificar signos tempranos de enfermedades neurodegenerativas como el Alzheimer y el Parkinson. Mediante el análisis de imágenes cerebrales y datos clínicos, la IA puede detectar cambios sutiles en el cerebro que preceden a los síntomas clínicos, lo que podría permitir intervenciones tempranas y más efectivas.

2. Tratamientos Personalizados y Medicina de Precisión

La medicina de precisión, que se centra en la personalización del tratamiento para cada paciente individual, se ha visto enormemente beneficiada por la inteligencia artificial. La capacidad de la IA para analizar grandes volúmenes de datos genéticos y clínicos permite a los médicos diseñar tratamientos adaptados a las características específicas de cada paciente.

- **Análisis genómico:** Los algoritmos de IA pueden analizar secuencias genéticas y correlacionar variaciones genéticas con enfermedades y respuestas a tratamientos. Esto permite a los médicos seleccionar medicamentos y dosis óptimas para cada paciente, minimizando los efectos secundarios y maximizando la eficacia del tratamiento.

- **Modelado de enfermedades:** La IA también está siendo utilizada para modelar enfermedades en función de datos genéticos y clínicos, lo que ayuda a predecir cómo progresará una enfermedad en un paciente específico y cómo responderá a diferentes tratamientos. Esto es particularmente útil en el tratamiento de enfermedades complejas como el cáncer, donde la respuesta a los tratamientos puede variar considerablemente entre los pacientes.

- **Desarrollo de nuevos medicamentos:** La IA está acelerando el proceso de descubrimiento de medicamentos al analizar grandes bases de datos de compuestos químicos y predecir cuáles son más propensos a ser efectivos contra una determinada enfermedad. Esto no solo reduce el tiempo necesario para desarrollar nuevos tratamientos, sino que también aumenta las probabilidades de éxito en las pruebas clínicas.

3. Optimización de Recursos y Gestión Hospitalaria

La inteligencia artificial está transformando la gestión de los recursos hospitalarios, mejorando la eficiencia operativa y reduciendo los costos. Los algoritmos de IA pueden optimizar la programación de los quirófanos, gestionar el inventario de suministros médicos y predecir la demanda de servicios de atención médica.

- **Optimización de la programación:** La IA puede analizar patrones históricos y datos en tiempo real para optimizar la programación de los quirófanos, asegurando que los recursos estén disponibles cuando se necesitan y minimizando los tiempos de espera para los pacientes.

- **Gestión de inventarios:** Los sistemas de IA pueden predecir las necesidades de suministros médicos y gestionar automáticamente el inventario, asegurando que los hospitales no se queden sin los productos esenciales y reduciendo el desperdicio debido a productos caducados o no utilizados.

- **Planificación de la capacidad hospitalaria:** La IA también puede ayudar a los hospitales a planificar su capacidad en función de la demanda esperada, ajustando la disponibilidad de camas, personal y otros recursos para satisfacer las necesidades de los pacientes de manera más eficiente.

4. Asistentes Virtuales y Soporte al Paciente

Los asistentes virtuales impulsados por IA están mejorando la atención al paciente al proporcionar soporte las 24 horas del día y ayudar a los pacientes a gestionar sus condiciones de salud de manera más efectiva.

- **Seguimiento de la salud del paciente:** Los asistentes virtuales pueden monitorear los signos vitales de los pacientes y proporcionar recordatorios para tomar medicamentos, realizar ejercicios o asistir a citas médicas. Esto es particularmente útil para pacientes con enfermedades crónicas que requieren un seguimiento constante.

- **Atención remota:** Los chatbots y asistentes virtuales pueden proporcionar atención remota, respondiendo preguntas, proporcionando consejos de salud y ayudando a los pacientes a decidir cuándo es necesario buscar atención médica en persona. Esto es especialmente útil en áreas rurales o en situaciones donde el acceso a la atención médica es limitado.

- **Apoyo emocional:** Algunos asistentes virtuales están diseñados para proporcionar apoyo emocional a los pacientes, especialmente aquellos que sufren de ansiedad, depresión u otras condiciones de salud mental. A través de conversaciones interactivas, estos sistemas pueden ayudar a los pacientes a gestionar su bienestar emocional y conectar con recursos de apoyo cuando sea necesario.

5. Ejemplos de Aplicación en la Atención Médica

La inteligencia artificial ya está siendo utilizada en hospitales y clínicas alrededor del mundo con resultados impresionantes:

- **IBM Watson Health:** Utiliza IA para ayudar en el diagnóstico y tratamiento del cáncer, analizando datos médicos y literatura científica para ofrecer recomendaciones de tratamiento personalizadas.

- **DeepMind Health:** Ha desarrollado algoritmos de IA que pueden predecir problemas renales agudos 48 horas antes de que se manifiesten, permitiendo a los médicos intervenir tempranamente.

47

- **Babylon Health:** Ofrece un servicio de consulta médica basado en IA, donde los pacientes pueden obtener diagnósticos preliminares y recomendaciones de tratamiento a través de una aplicación móvil.

Conclusión

La inteligencia artificial está transformando todos los aspectos de la atención médica, desde el diagnóstico y tratamiento hasta la gestión hospitalaria y el soporte al paciente. Estos avances no solo están mejorando los resultados de los pacientes, sino que también están haciendo que la atención médica sea más eficiente y accesible. A medida que la IA continúa evolucionando, es probable que veamos aún más innovaciones que cambiarán la forma en que se practica la medicina.

IA en el Transporte y la Logística

El sector del transporte y la logística es otro campo que ha experimentado una transformación radical gracias a la inteligencia artificial. Desde la optimización de rutas de entrega hasta la conducción autónoma, la IA está mejorando la eficiencia, reduciendo costos y aumentando la seguridad en toda la cadena de suministro.

1. Optimización de Rutas y Gestión de Flotas

Una de las aplicaciones más significativas de la IA en la logística es la optimización de rutas de entrega. Los algoritmos de IA pueden analizar una gran cantidad de datos en tiempo real, incluyendo condiciones de tráfico, clima y patrones de demanda, para determinar las rutas más eficientes.

- **Optimización de rutas en tiempo real:** Los sistemas de IA pueden ajustar dinámicamente las rutas de los vehículos de entrega en función de las condiciones actuales del tráfico y otros factores, minimizando el tiempo de entrega y reduciendo el consumo de combustible. Esto es especialmente útil en la distribución de última milla, donde la eficiencia en la entrega es crucial para la satisfacción del cliente.

- **Gestión de flotas:** La IA también se utiliza para la gestión de flotas, optimizando el uso de vehículos y conductores. Los algoritmos pueden asignar automáticamente las tareas a los conductores en función de su ubicación, disponibilidad y la urgencia de las entregas, lo que mejora la eficiencia operativa y reduce los costos.

- **Previsión de la demanda:** Al analizar datos históricos y tendencias de mercado, los sistemas de IA pueden predecir la demanda de transporte y logística, permitiendo a las empresas ajustar su capacidad y recursos en consecuencia. Esto es crucial para evitar la sobrecarga de la infraestructura durante los picos de demanda y para maximizar la utilización de los recursos durante los períodos de baja actividad.

2. Conducción Autónoma

La conducción autónoma es quizás una de las aplicaciones más revolucionarias de la inteligencia artificial en el transporte. Los vehículos autónomos, que utilizan una combinación de IA, sensores y tecnología de comunicación, están transformando la forma en que pensamos sobre el transporte y la movilidad.

- **Tecnología de sensores y procesamiento de datos:** Los vehículos autónomos están equipados con una variedad de sensores, incluidos radares, cámaras y LIDAR, que recopilan datos sobre el entorno en tiempo real. La IA procesa estos datos para tomar decisiones de conducción, como frenar, acelerar y girar, de manera segura y eficiente.

- **Niveles de automatización:** Existen diferentes niveles de automatización en los vehículos, desde asistencia al conductor, como el control de crucero adaptativo, hasta la automatización completa, donde el vehículo puede operar sin intervención humana en la mayoría de las situaciones. Los vehículos totalmente autónomos aún están en desarrollo, pero las pruebas en entornos controlados han mostrado resultados prometedores.

- **Impacto en la seguridad vial:** Uno de los principales beneficios esperados de los vehículos autónomos es la mejora de la seguridad vial. Los sistemas de IA pueden reaccionar más rápido que los humanos y no están sujetos a distracciones, fatiga o errores de juicio, lo que podría reducir significativamente el número de accidentes de tráfico.

3. Automatización de Almacenes y Logística Interna

Dentro de los centros de distribución y almacenes, la inteligencia artificial está siendo utilizada para automatizar muchas de las tareas que tradicionalmente requerían mano de obra humana.

- **Robots de picking y packing:** Los robots equipados con IA pueden identificar, recoger y empacar productos de manera eficiente. Estos robots utilizan visión por computadora y algoritmos de aprendizaje profundo para manejar una amplia variedad de productos, desde pequeños artículos hasta cajas grandes, y pueden trabajar las 24 horas del día.

- **Sistemas de clasificación automática:** La IA también se aplica en sistemas de clasificación que pueden identificar, clasificar y dirigir paquetes y productos a las áreas correctas dentro de un almacén. Estos sistemas son cruciales en centros de distribución de alta velocidad donde se manejan miles de paquetes por hora.

- **Drones y vehículos autónomos:** En algunos casos, los drones y los vehículos autónomos están siendo utilizados para mover mercancías dentro de grandes instalaciones logísticas, mejorando la eficiencia y reduciendo los tiempos de transporte interno.

4. Predicción de la Demanda y Planificación de la Capacidad

La inteligencia artificial juega un papel crucial en la predicción de la demanda y la planificación de la capacidad en la cadena de suministro. Mediante el análisis de datos históricos y tendencias de mercado, los algoritmos de IA pueden prever con precisión la demanda futura de productos, permitiendo a las empresas ajustar su capacidad y recursos en consecuencia.

- **Modelos predictivos:** Los sistemas de IA utilizan modelos predictivos para anticipar las necesidades de transporte, almacenamiento y personal. Esto permite a las empresas evitar tanto la escasez como el exceso de capacidad, optimizando el uso de recursos y mejorando la rentabilidad.

- **Análisis de riesgos:** La IA también se utiliza para analizar los riesgos en la cadena de suministro, identificando posibles interrupciones, como problemas en el transporte, fluctuaciones en la demanda o cambios en las regulaciones, y proponiendo estrategias de mitigación.

-

5. Ejemplos de Aplicación en Transporte y Logística

Varias empresas y organizaciones ya están utilizando inteligencia artificial para mejorar sus operaciones logísticas:

- **Amazon:** Utiliza algoritmos de IA para optimizar sus rutas de entrega y gestionar su red global de almacenes, mejorando la eficiencia y reduciendo los tiempos de entrega.

- **Tesla:** Está a la vanguardia del desarrollo de vehículos autónomos, con su sistema de piloto automático que utiliza IA para proporcionar asistencia avanzada al conductor y conducción semiautónoma.

- **DHL:** Implementa robots y sistemas de IA en sus centros de distribución para automatizar la clasificación de paquetes y optimizar la gestión de su flota de vehículos de reparto.

Conclusión

La inteligencia artificial está redefiniendo el transporte y la logística, mejorando la eficiencia, reduciendo costos y aumentando la seguridad en todos los niveles de la cadena de suministro. A medida que la tecnología continúe avanzando, es probable que veamos una adopción aún mayor de la IA en este sector, con implicaciones profundas para la movilidad y el comercio global.

IA en el Entretenimiento y Redes

El entretenimiento y las redes sociales son áreas donde la inteligencia artificial ha tenido un impacto significativo, transformando la forma en que consumimos contenido y nos relacionamos en el mundo digital. Desde la personalización de contenido hasta la moderación de plataformas, la IA está en el centro de la revolución digital en estos campos.

1. Personalización del Contenido

Uno de los usos más evidentes de la inteligencia artificial en el entretenimiento es la personalización del contenido. Plataformas como Netflix, YouTube y Spotify utilizan algoritmos de IA para analizar el comportamiento de los usuarios y recomendarles contenido que se ajuste a sus preferencias.

- **Sistemas de recomendación:** Estos sistemas de recomendación se basan en el análisis de grandes volúmenes de datos, incluyendo el historial de visualización, las calificaciones dadas y las interacciones con el contenido. La IA utiliza estos datos para predecir qué películas, series, videos o canciones podrían interesar más a cada usuario, lo que mejora la experiencia del usuario y aumenta el tiempo de permanencia en la plataforma.

- **Creación de contenido personalizado:** Además de recomendar contenido existente, algunas plataformas están utilizando IA para crear contenido personalizado. Por ejemplo, Spotify utiliza IA para generar listas de reproducción diarias basadas en las preferencias musicales de cada usuario, y algunas aplicaciones de noticias personalizan la selección de artículos para cada lector.

- **Interacción y experiencia del usuario:** La IA también se utiliza para mejorar la interacción y la experiencia del usuario en plataformas de entretenimiento. Los chatbots impulsados por IA pueden responder preguntas, sugerir contenido y ayudar a los usuarios a navegar por las plataformas, creando una experiencia más fluida y personalizada.

2. Producción de Contenido

La inteligencia artificial está comenzando a jugar un papel en la creación y producción de contenido, desde guiones de películas hasta música y arte digital.

- **Guiones y narrativas:** Algunos sistemas de IA han sido entrenados para generar guiones de películas o episodios de series de televisión. Aunque estos guiones aún requieren la intervención humana para ser refinados, la IA puede proporcionar una base sobre la cual los escritores pueden construir.

- **Música generada por IA:** La música generada por IA está ganando popularidad, con algoritmos capaces de componer melodías y armonías en una variedad de estilos musicales. Estas composiciones pueden ser utilizadas como fondo musical en videos, videojuegos o incluso en producciones musicales profesionales.

- **Arte digital:** En el campo del arte digital, la IA está siendo utilizada para crear obras de arte originales o para colaborar con artistas humanos en proyectos creativos. Estos sistemas de IA pueden generar imágenes, animaciones e incluso esculturas digitales, expandiendo las posibilidades creativas y desafiando las nociones tradicionales del arte.

3. Moderación de Contenido en Redes Sociales

La moderación de contenido en las redes sociales es una tarea crítica para mantener un entorno seguro y respetuoso para los usuarios. La inteligencia artificial juega un papel central en la identificación y eliminación de contenido inapropiado o dañino.

- **Detección de contenido ofensivo:** Los algoritmos de IA pueden analizar texto, imágenes y videos en tiempo real para detectar y eliminar contenido ofensivo, como discursos de odio, acoso o imágenes violentas. Estos sistemas utilizan técnicas de procesamiento del lenguaje natural y visión por computadora para identificar rápidamente el contenido que viola las políticas de la plataforma.

- **Prevención de la desinformación:** La IA también se utiliza para combatir la desinformación en las redes sociales. Al analizar patrones de difusión de noticias falsas y verificar la precisión de las fuentes de información, los sistemas de IA pueden identificar y reducir la propagación de contenido engañoso, protegiendo así la integridad de la información en las plataformas.

- **Control de spam y bots:** Otra aplicación importante de la IA en la moderación de redes sociales es la detección y eliminación de cuentas de spam y bots automatizados que intentan manipular las conversaciones en línea. Los sistemas de IA pueden identificar patrones de comportamiento típicos de estas cuentas y eliminarlas de manera proactiva, mejorando la calidad de la interacción en las plataformas.

4. Publicidad Dirigida en Redes Sociales

La publicidad dirigida es una de las áreas donde la inteligencia artificial ha tenido un impacto significativo en las redes sociales. Al analizar el comportamiento de los usuarios, la IA puede personalizar los anuncios que se muestran, aumentando la relevancia y efectividad de las campañas publicitarias.

- **Segmentación de audiencias:** Los algoritmos de IA pueden segmentar audiencias basándose en datos demográficos, intereses, comportamiento de navegación y otras variables. Esto permite a los anunciantes dirigirse a los usuarios con mayor precisión, mostrando anuncios que son más relevantes para sus intereses y necesidades.

- **Análisis de rendimiento:** La IA también se utiliza para analizar el rendimiento de las campañas publicitarias en tiempo real, proporcionando a los anunciantes información valiosa sobre qué anuncios están funcionando mejor y cómo pueden optimizar sus estrategias.

- **Creatividad automatizada:** Algunas plataformas están comenzando a utilizar IA para generar automáticamente variantes de anuncios, probando diferentes combinaciones de texto, imágenes y llamadas a la acción para encontrar las versiones que mejor funcionan con diferentes segmentos de audiencia.

5. Ejemplos de Aplicación en el Entretenimiento y Redes Sociales

- **Netflix:** Utiliza algoritmos de IA para recomendar contenido personalizado a sus usuarios, analizando sus patrones de visualización para sugerir películas y series que probablemente les gusten.

- **YouTube:** Emplea IA para sugerir videos relacionados y para moderar contenido inapropiado en su plataforma, utilizando modelos de aprendizaje automático para identificar y eliminar videos que violan sus políticas.

- **Facebook:** Implementa sistemas de IA para la moderación de contenido, la detección de noticias falsas y la personalización de anuncios, mejorando tanto la seguridad como la experiencia del usuario en su plataforma.

Conclusión

La inteligencia artificial está transformando el entretenimiento y las redes sociales de manera fundamental, personalizando la experiencia del usuario, automatizando la producción de contenido y mejorando la seguridad en línea. A medida que estas tecnologías continúan avanzando, es probable que veamos un impacto aún mayor en la forma en que consumimos y compartimos contenido digital.

Capítulo 3: Beneficios de la Inteligencia Artificial

Aumento de la Eficiencia y Productividad

La implementación de la inteligencia artificial (IA) en diversos sectores ha transformado radicalmente la manera en que las empresas y organizaciones operan, ofreciendo mejoras significativas en eficiencia y productividad. Estos avances se manifiestan en la automatización de procesos, la mejora en la toma de decisiones basadas en datos y un uso más eficiente de los recursos.

1. Automatización de Tareas y Procesos

La IA permite la automatización de una amplia gama de tareas, desde operaciones de manufactura hasta servicios al cliente, lo que aumenta la productividad y permite a los empleados centrarse en tareas de mayor valor.

- **Manufactura:** En las fábricas, la IA coordina robots para realizar tareas de ensamblaje y control de calidad con una precisión y velocidad que supera las capacidades humanas. Estos sistemas pueden adaptarse rápidamente a nuevos productos o cambios en la línea de producción sin la necesidad de reprogramación extensiva.

- **Servicios administrativos:** Los algoritmos de IA pueden automatizar tareas administrativas rutinarias como la entrada de datos, la gestión de agendas y la planificación de recursos, liberando a los trabajadores para que se concentren en actividades más estratégicas y creativas.

2. Optimización de la Toma de Decisiones

La capacidad de la IA para procesar grandes volúmenes de datos y extraer insights valiosos es invaluable para la toma de decisiones. Esto permite a las organizaciones actuar de manera más estratégica y ágil.

- **Análisis predictivo:** La IA analiza tendencias pasadas y actuales para hacer proyecciones futuras, ayudando a las empresas a anticiparse a los cambios del mercado y a adaptar sus estrategias proactivamente.

- **Optimización de recursos:** Los sistemas de IA pueden identificar la utilización ineficiente de recursos y sugerir ajustes, asegurando que las organizaciones maximicen su retorno sobre la inversión en capital y mano de obra.

3. Mejora en la Calidad y Consistencia del Servicio

La IA contribuye significativamente a mejorar la calidad y la consistencia de los productos y servicios ofrecidos por las empresas, resultando en una mayor satisfacción del cliente y una mejor reputación corporativa.

- **Control de calidad mejorado:** En el sector manufacturero, la IA realiza inspecciones de calidad visual de forma continua y precisa, identificando defectos que podrían ser difíciles de detectar para el ojo humano.

- **Personalización del servicio al cliente:** Los sistemas de IA utilizan el análisis de datos del cliente para proporcionar un servicio altamente personalizado, anticipando necesidades y resolviendo problemas de manera proactiva.

4. Ejemplos y Estudios de Caso

- **Automatización en Amazon:** Amazon ha implementado sistemas de IA en sus centros de distribución, donde robots automatizados seleccionan, empacan y envían productos, reduciendo los tiempos de procesamiento y aumentando la eficiencia logística.

- **Optimización en Google:** Google utiliza IA para gestionar el consumo de energía en sus centros de datos, ajustando automáticamente los sistemas de enfriamiento basados en las condiciones actuales, lo que ha reducido significativamente su consumo energético.

Conclusión

El aumento en la eficiencia y la productividad gracias a la IA no solo impulsa el crecimiento económico, sino que también promueve una mayor innovación al liberar recursos que pueden ser reinvertidos en áreas de investigación y desarrollo.

Reducción de Errores Humanos

La IA reduce significativamente la incidencia de errores humanos en muchas industrias, mejorando la seguridad, la calidad del trabajo y la satisfacción del cliente. Al eliminar o minimizar estos errores, las organizaciones pueden evitar costos no planificados y mejorar su reputación en el mercado.

1. Aumento de la Precisión en Tareas Críticas

En sectores donde los errores pueden tener consecuencias graves, como la medicina y la aviación, la IA juega un papel crucial en el aumento de la precisión y la reducción de incidentes.

- **Diagnósticos médicos:** La IA en la medicina puede analizar imágenes médicas con una precisión que iguala o supera a la de los especialistas, detectando patologías que podrían ser pasadas por alto por el ojo humano debido a la fatiga o la carga de trabajo.

- **Navegación y control de tráfico aéreo:** En la aviación, los sistemas de IA ayudan en la navegación y el control del tráfico aéreo, reduciendo el riesgo de colisiones y otros incidentes gracias a su capacidad para procesar grandes volúmenes de información de manera rápida y precisa.

2. Consistencia en Operaciones Repetitivas

La capacidad de la IA para realizar tareas repetitivas sin pérdida de enfoque o rendimiento asegura una alta consistencia y calidad en la producción y los servicios.

- **Operaciones de fabricación:** En la línea de ensamblaje, la IA asegura que cada producto cumpla con las mismas especificaciones de alta calidad, reduciendo la variabilidad que puede ocurrir con el trabajo manual.

- **Transacciones financieras:** En el sector bancario, la IA procesa transacciones con alta precisión, reduciendo errores en la entrada de datos y en la ejecución de operaciones financieras.

3. Prevención de Accidentes y Mejora de la Seguridad

La capacidad de la IA para anticipar y reaccionar a potenciales peligros mejora significativamente la seguridad en entornos de trabajo y en la vida cotidiana.

- **Industria automotriz:** Los vehículos equipados con sistemas de asistencia al conductor basados en IA pueden identificar peligros potenciales y reaccionar más rápidamente que un conductor humano, previniendo accidentes.

- **Monitoreo de infraestructuras:** La IA puede monitorear constantemente estructuras como puentes, edificios y carreteras para detectar signos de deterioro o fallo que podrían pasar desapercibidos hasta que sea demasiado tarde.

4. Ejemplos y Casos de Estudio

- **Reducción de errores en la cirugía:** Sistemas de IA han sido implementados en quirófanos para asistir en cirugías complejas, guiando a los cirujanos y reduciendo la tasa de errores y complicaciones postoperatorias.

- **Gestión de riesgos en J.P. Morgan:** La firma de servicios financieros utiliza algoritmos de IA para supervisar las transacciones y detectar patrones anómalos que podrían indicar errores o fraudes, mejorando la seguridad y la confiabilidad de sus operaciones.

Conclusión

La reducción de errores humanos mediante la implementación de IA no solo mejora la calidad y la seguridad en diversas industrias, sino que también conduce a una mayor confianza del consumidor y a una reducción de los costos asociados con rectificaciones y compensaciones.

Avances en la Investigación Científica

La inteligencia artificial está acelerando el ritmo de descubrimiento en numerosos campos científicos, permitiendo a los investigadores explorar nuevas fronteras y resolver problemas complejos con una eficiencia sin precedentes.

1. Facilitación de Descubrimientos Complejos

En campos que generan enormes cantidades de datos, como la genómica y la astrofísica, la IA es indispensable para descifrar patrones y conexiones que son demasiado complejos para ser analizados de manera efectiva por métodos tradicionales.

- **Investigación genómica:** La IA puede analizar rápidamente secuencias genéticas para identificar genes asociados con enfermedades específicas, acelerando el desarrollo de terapias genéticas y medicina personalizada.

- **Astrofísica:** En la búsqueda de exoplanetas y el estudio de fenómenos cósmicos, la IA procesa datos de telescopios espaciales para identificar objetos de interés y fenómenos que requieren una investigación más profunda.

2. Modelos Predictivos en Ciencias del Clima y Ambientales

La IA mejora significativamente la precisión de los modelos climáticos y ambientales, ayudando a los científicos a predecir cambios en el medio ambiente con mayor precisión y a proponer soluciones efectivas para los desafíos del cambio climático.

- **Modelos climáticos:** La IA analiza datos climáticos históricos y actuales para mejorar las predicciones sobre el calentamiento global, los patrones de precipitación y otros aspectos del clima.

- **Conservación ambiental:** En la conservación de la biodiversidad, la IA ayuda a monitorear y gestionar ecosistemas, analizando imágenes satelitales y datos de campo para detectar cambios en hábitats y poblaciones de especies.

3. Innovaciones en Química y Física de Materiales

La IA está transformando la investigación en química y física de materiales al permitir la simulación y el modelado de propiedades materiales que pueden acelerar el descubrimiento de nuevos materiales con aplicaciones en energía, medicina y tecnología.

- **Descubrimiento de nuevos materiales:** Algoritmos de IA predicen las propiedades de nuevos compuestos antes de que estos sean sintetizados en el laboratorio, lo que puede reducir significativamente los ciclos de desarrollo de materiales innovadores.

- **Optimización de procesos químicos:** La IA optimiza procesos químicos industriales, mejorando la eficiencia y reduciendo el impacto ambiental al predecir las condiciones óptimas para reacciones químicas.

4. Ejemplos y Casos de Estudio

- **DeepMind y la predicción de estructuras de proteínas:** DeepMind desarrolló AlphaFold, un sistema de IA que ha hecho avances significativos en la predicción de estructuras de proteínas, lo que es fundamental para entender enfermedades y desarrollar fármacos.

- **NASA y la exploración espacial:** La NASA utiliza IA para analizar datos de sus misiones espaciales, incluyendo la identificación de planetas habitables y la análisis de superficies planetarias, acelerando la investigación y reduciendo los costos de las misiones.

Conclusión

Los avances en la investigación científica impulsados por la inteligencia artificial están abriendo nuevas posibilidades en una amplia gama de disciplinas. Estos avances no solo aceleran el ritmo de descubrimiento científico, sino que también promueven una comprensión más profunda del mundo que nos rodea y de los desafíos universales que enfrentamos. A medida que la capacidad de la IA continúa expandiéndose, su papel en la investigación y el desarrollo científico se hará aún más central, prometiendo transformaciones aún mayores en el horizonte del conocimiento humano.

Capítulo 4: Desafíos de la Inteligencia Artificial

Desplazamiento Laboral y el Futuro del Trabajo

La adopción de la inteligencia artificial está reconfigurando el mercado laboral, con un impacto significativo en la naturaleza del trabajo y el empleo. Mientras que la IA ofrece mejoras en la eficiencia y la productividad, también plantea desafíos significativos relacionados con el desplazamiento laboral y la necesidad de adaptación en la fuerza laboral.

1. Automatización y Desplazamiento de Empleos

La IA y la automatización están reemplazando tareas tradicionalmente realizadas por humanos, lo que lleva a una reducción en ciertos tipos de empleo, especialmente en sectores como la manufactura, el servicio al cliente y la administración de datos.

- **Impacto en la manufactura:** Los robots y sistemas automatizados pueden realizar tareas de producción más rápidamente y con menos errores que los humanos, lo que reduce la necesidad de mano de obra en las líneas de montaje y otras áreas de producción.

- **Automatización en servicios:** Los sistemas de IA, como los chatbots y asistentes virtuales, están tomando roles en el servicio al cliente, procesando solicitudes y gestionando comunicaciones sin intervención humana.

2. Transformación de Habilidades y Requalificación

A medida que algunos empleos son desplazados por la automatización, surgen nuevas oportunidades que requieren diferentes habilidades. La capacitación y requalificación se vuelven esenciales para que los trabajadores puedan adaptarse y prosperar en la nueva economía.

- **Necesidad de habilidades técnicas:** Hay una creciente demanda de habilidades técnicas relacionadas con la IA y la tecnología de la información. Programación, análisis de datos y diseño de sistemas son solo algunos ejemplos de áreas que están experimentando un crecimiento rápido.

- **Desarrollo de habilidades blandas:** Las habilidades blandas, como la creatividad, la empatía y la gestión de personas, se vuelven más valoradas, ya que estas son áreas donde la IA aún no puede replicar completamente la interacción humana.

3. Políticas Laborales y Sociales

Para mitigar el impacto del desplazamiento laboral, es crucial desarrollar políticas que apoyen la transición laboral y ayuden a los trabajadores a adaptarse al cambiante panorama laboral.

- **Sistemas de seguridad social:** La expansión de los sistemas de seguridad social para incluir apoyo durante la requalificación y la transición entre empleos es vital para amortiguar el impacto económico en los trabajadores desplazados.

- **Iniciativas de educación y capacitación:** Gobiernos y organizaciones privadas necesitan invertir en programas de educación y capacitación que estén alineados con las necesidades del futuro del trabajo, asegurando que la fuerza laboral esté preparada para los roles emergentes.

Ejemplos y Casos de Estudio

- **Programas de requalificación en Europa:** Algunos países europeos han implementado programas gubernamentales que ofrecen capacitación en habilidades digitales y técnicas para trabajadores de industrias tradicionales, facilitando su transición a sectores más tecnológicos.

Ética y Responsabilidad de las Decisiones de la IA

A medida que la IA se integra más en nuestra vida diaria y toma decisiones que afectan a los seres humanos, surgen importantes cuestiones éticas y de responsabilidad. Estas preocupaciones se centran en cómo la IA toma decisiones, quién es responsable de estas decisiones y cómo se pueden garantizar resultados justos y éticos.

1. Toma de Decisiones Automatizadas

La capacidad de la IA para tomar decisiones basadas en algoritmos complejos plantea preguntas sobre la transparencia y la justicia de estas decisiones.

- **Transparencia:** Muchos sistemas de IA funcionan como "cajas negras", donde los procesos de decisión no son fácilmente comprensibles por los humanos. Esto plantea desafíos significativos en términos de responsabilidad y verificación de la justicia de las decisiones tomadas.

- **Sesgo algorítmico:** Los sesgos en los datos de entrenamiento pueden llevar a que los sistemas de IA perpetúen o incluso exacerben discriminaciones existentes en áreas como contratación laboral, concesión de créditos y servicios policiales.

2. Impacto Social y Político

La IA tiene el potencial de influir significativamente en la sociedad y la política, lo que requiere un enfoque cuidadoso para su desarrollo y implementación.

- **Privacidad y vigilancia:** El uso de IA en sistemas de vigilancia puede llevar a violaciones de la privacidad si no se gestionan adecuadamente. Esto es particularmente preocupante en contextos donde la tecnología puede ser utilizada para monitorear y controlar a la población de manera invasiva.

- **Manipulación y control:** La capacidad de la IA para influir en la opinión pública a través de plataformas de redes sociales y otros medios puede ser explotada para manipular elecciones, fomentar discordias o perpetuar agendas políticas.

3. Regulación y Marco Legal

Desarrollar un marco legal que regule el uso de la IA es crucial para asegurar que su desarrollo y aplicación sean éticos y responsables.

- **Legislación sobre IA:** Países y organizaciones internacionales están comenzando a desarrollar leyes y regulaciones que abordan específicamente el uso de la IA, centrándose en aspectos como la responsabilidad por decisiones automatizadas, la protección de datos personales y la prevención de discriminación.

- **Estándares éticos:** Además de las regulaciones legales, la creación de estándares éticos para el desarrollo y uso de la IA es fundamental. Estos estándares pueden guiar a los desarrolladores y usuarios de IA en la implementación de prácticas que respeten los derechos humanos y fomenten el bien común.

Ejemplos y Casos de Estudio

- **Regulación de la IA en la Unión Europea:** La Unión Europea está a la vanguardia en la regulación de la IA, con propuestas de legislación que buscan establecer normas claras sobre los usos aceptables de la IA y los derechos de los ciudadanos en relación con las decisiones automatizadas.

Seguridad y Privacidad de los Datos

La seguridad y la privacidad de los datos son de suma importancia en la era de la inteligencia artificial. Con sistemas que dependen cada vez más de grandes volúmenes de datos para funcionar, asegurar esos datos contra el acceso no autorizado y el uso indebido es un desafío primordial.

1. Vulnerabilidades y Riesgos de Seguridad

Los sistemas de IA, al igual que cualquier sistema tecnológico, son susceptibles a vulnerabilidades que pueden ser explotadas por actores maliciosos.

- **Ataques a la seguridad de datos:** La interceptación o manipulación de datos utilizados por sistemas de IA puede llevar a malfuncionamientos o a que se tomen decisiones erróneas, lo cual podría tener consecuencias graves, especialmente en áreas críticas como la seguridad nacional y la atención médica.

- **Robo de información sensible:** La gran cantidad de datos personales gestionados por sistemas de IA hace que estos sistemas sean un blanco atractivo para el robo de información, lo que puede llevar a violaciones de la privacidad y el uso indebido de datos personales.

2. Estrategias de Protección de la Privacidad

Proteger la privacidad de los individuos es fundamental en el desarrollo y aplicación de sistemas de IA. Esto implica no solo asegurar los datos, sino también garantizar que se utilizan de manera que respete la privacidad y la autonomía de las personas.

- **Encriptación y medidas de seguridad:** Implementar medidas de seguridad robustas, incluyendo encriptación avanzada y autenticación de usuarios, es esencial para proteger los datos utilizados por sistemas de IA de accesos no autorizados y ataques cibernéticos.

- **Políticas de privacidad:** Desarrollar políticas claras y transparentes sobre cómo se recopilan, utilizan y comparten los datos es crucial para mantener la confianza del público y asegurar que los sistemas de IA operen dentro de los marcos éticos y legales.

3. Regulación y Cumplimiento

A medida que la tecnología de IA se expande, también lo hace la necesidad de regulaciones que aseguren la seguridad y la privacidad de los datos en todos los sectores.

- **Regulaciones sobre protección de datos:** Leyes como el GDPR (Reglamento General de Protección de Datos) en la Unión Europea establecen estándares estrictos para la gestión de datos personales, ofreciendo a los individuos mayor control sobre sus datos personales y asegurando que las empresas cumplan con prácticas de privacidad rigurosas.

- **Auditorías y evaluaciones de riesgos:** Realizar auditorías regulares y evaluaciones de riesgos puede ayudar a identificar y mitigar potenciales vulnerabilidades en sistemas de IA, asegurando que estos sistemas sean seguros y estén protegidos contra amenazas internas y externas.

Ejemplos y Casos de Estudio

- **Violaciones de datos en grandes corporaciones:** Ejemplos recientes de violaciones de datos en grandes empresas han resaltado la importancia de la seguridad robusta y las prácticas de privacidad en la gestión de datos. Estos casos sirven como un recordatorio crítico de los riesgos asociados con la gestión inadecuada de datos y la necesidad de regulaciones efectivas.

Conclusión

La seguridad y privacidad de los datos son fundamentales para el desarrollo ético y responsable de la inteligencia artificial. A medida que la tecnología continúa evolucionando, es crucial que las medidas de seguridad, las políticas de privacidad y las regulaciones se adapten para proteger contra los nuevos riesgos y desafíos que emergen. La colaboración entre los desarrolladores de IA, los reguladores, los expertos en seguridad y la sociedad en general será esencial para crear un entorno en el que la IA pueda desarrollarse de manera segura y beneficiosa para todos.

Capítulo 5: La Inteligencia Artificial y la Sociedad

Impacto en la Educación y el Aprendizaje

La inteligencia artificial (IA) está transformando radicalmente el panorama educativo, introduciendo métodos innovadores para mejorar la personalización, accesibilidad y eficacia del aprendizaje. Estas tecnologías no solo ofrecen oportunidades para optimizar los sistemas educativos, sino que también plantean desafíos y demandan una reflexión cuidadosa sobre su implementación adecuada.

1. Personalización del Aprendizaje a través de la IA

La IA permite una personalización profunda del aprendizaje, adaptando los materiales y ritmos a las necesidades individuales de cada estudiante, lo que puede transformar radicalmente la experiencia educativa.

- **Plataformas Adaptativas:** Utilizan algoritmos para ajustar el contenido educativo según el progreso y estilo de aprendizaje del estudiante, ofreciendo un camino que maximiza su comprensión y retención del conocimiento.

- **Asistentes Virtuales Educativos:** Proporcionan apoyo adicional fuera del aula, guiando a los estudiantes a través de conceptos complicados y ofreciendo recursos adicionales personalizados para mejorar su aprendizaje.

2. Democratización de la Educación

La IA tiene el potencial de democratizar el acceso a la educación de calidad, superando barreras geográficas y socioeconómicas que tradicionalmente han limitado a muchos estudiantes.

- **Cursos en Línea Mejorados por IA:** Plataformas que utilizan IA para traducir y adaptar cursos a diferentes idiomas y culturas, haciendo que el conocimiento sea accesible a una audiencia global.

- **Evaluación Accesible:** Herramientas de IA que proporcionan evaluaciones y feedback en tiempo real, permitiendo a los estudiantes en regiones remotas medir y mejorar su rendimiento sin la necesidad de instituciones educativas físicas.

3. Optimización de Recursos Educativos

La IA también ayuda a las instituciones a utilizar recursos de manera más eficiente, mejorando la calidad de la enseñanza y la administración educativa.

- **Gestión de Cursos y Horarios:** Sistemas que optimizan la asignación de recursos y horarios para maximizar la disponibilidad y efectividad de la enseñanza.

- **Análisis de Desempeño:** Aplicaciones de IA que analizan el rendimiento de los estudiantes a gran escala, proporcionando datos valiosos para mejorar los programas educativos.

Ejemplos de Implementación

- **Knewton:** Una plataforma que utiliza la IA para proporcionar recursos educativos adaptativos, ajustando el contenido en tiempo real según las respuestas del estudiante.

- **Duolingo:** Aplica técnicas de IA para personalizar la enseñanza de idiomas, ajustando las lecciones a la eficacia del aprendizaje del usuario en tiempo real.

Conclusión

La IA está configurando un futuro donde la educación es más personalizada, accesible y eficiente. Sin embargo, es crucial abordar los desafíos éticos y prácticos para asegurar que estos avances benefician a todos los estudiantes de manera equitativa.

IA y Desigualdad Social

La integración de la inteligencia artificial en la sociedad no es un proceso neutral; tiene el potencial tanto de mitigar como de exacerbar las desigualdades existentes. Es vital abordar proactivamente las dimensiones sociales de la tecnología de IA para fomentar una sociedad más justa y equitativa.

1. Amplificación de la Brecha Económica

La adopción desigual de la IA puede profundizar las brechas económicas, creando divisiones entre aquellos que tienen acceso a estas tecnologías avanzadas y aquellos que no.

- **Acceso a la Tecnología:** La disparidad en el acceso a la tecnología de IA puede resultar en una brecha creciente entre los "haves" tecnológicos y los "have-nots", afectando oportunidades en educación, empleo y calidad de vida.

- **Impacto en el Empleo:** La automatización puede desplazar trabajos en sectores de bajos ingresos, exacerbando la desigualdad económica y requiriendo políticas robustas de apoyo y reentrenamiento laboral.

2. Sesgo y Discriminación en Sistemas de IA

El diseño y entrenamiento de sistemas de IA pueden inadvertidamente perpetuar sesgos existentes, lo que requiere un enfoque cuidadoso para su desarrollo y despliegue.

- **Sesgos en la Toma de Decisiones:** Si los datos de entrenamiento contienen sesgos históricos, la IA puede integrar estos prejuicios en sus algoritmos, afectando todo desde la contratación hasta las decisiones judiciales y la atención médica.

- **Regulaciones y Estándares:** Es crucial desarrollar estándares y regulaciones que aseguren que los sistemas de IA operen de manera justa y transparente, con mecanismos de rendición de cuentas claros.

Ejemplos de Intervención

- **Auditorías de Sesgo de IA:** Algunas ciudades en Estados Unidos han comenzado a auditar los sistemas de IA usados en servicios públicos para identificar y corregir sesgos.

- **Iniciativas de Inclusión Digital:** Programas diseñados para mejorar el acceso a la tecnología de IA en comunidades subrepresentadas y desfavorecidas, asegurando una distribución más equitativa de sus beneficios.

Conclusión

Abordar la desigualdad social en el contexto de la IA es fundamental para garantizar que sus beneficios sean compartidos ampliamente. Las políticas deben centrarse en ampliar el acceso a la tecnología, mitigar los sesgos y asegurar que la IA se desarrolle y utilice de maneras que refuercen la equidad social.

Implicaciones Económicas y Políticas de la IA

La IA está influyendo profundamente en la estructura económica global y el orden político, ofreciendo tanto oportunidades como planteando desafíos significativos.

1. Transformación Económica

La IA está redefiniendo industrias, cambiando la naturaleza del trabajo y creando nuevas dinámicas económicas.

- **Impulso al Crecimiento Económico:** La IA contribuye al crecimiento introduciendo eficiencias y creando nuevas oportunidades de negocio y mercados en sectores emergentes.

- **Disrupción del Mercado Laboral:** La transformación de los mercados laborales por la IA requiere políticas adaptativas que puedan manejar la transición para los trabajadores y fomentar una economía resiliente.

2. Reconfiguración Política

La adopción de la IA también tiene implicaciones políticas, afectando la gobernanza, la legislación y las relaciones internacionales.

- **Políticas de Gobernanza Basadas en Datos:** La IA permite a los gobiernos implementar políticas basadas en análisis de datos complejos, mejorando la eficacia de los servicios públicos y la toma de decisiones.

- **Desafíos en Seguridad y Defensa:** La integración de la IA en la seguridad nacional y la defensa plantea dilemas éticos y estratégicos, desde el uso de drones autónomos hasta la ciberguerra.

3. Impacto en las Relaciones Internacionales

La carrera global por el liderazgo en IA está moldeando las relaciones internacionales, donde la capacidad de desarrollar y implementar tecnología de IA se está convirtiendo en un elemento crucial del poder nacional.

- **Competencia Tecnológica:** La competencia por el dominio de la IA entre potencias globales como Estados Unidos y China tiene profundas implicaciones para el equilibrio geopolítico.

- **Estándares Internacionales:** La necesidad de estándares y regulaciones internacionales para la IA es crucial para manejar su impacto global y asegurar un desarrollo y uso éticos.

Ejemplos de Impacto Global

- **Iniciativas de IA de China:** China está invirtiendo masivamente en IA, buscando liderar en sectores tecnológicos y utilizar la IA para mejorar la administración pública y la seguridad.

- **Regulación de la IA en la UE:** La Unión Europea está implementando regulaciones rigurosas para asegurar que la IA se desarrolle de manera ética y segura, estableciendo un modelo para otros.

Conclusión

Las implicaciones económicas y políticas de la IA son vastas y multifacéticas. A medida que esta tecnología continúa evolucionando, es crucial que los líderes políticos y económicos consideren cuidadosamente cómo la IA puede ser utilizada para fomentar el crecimiento, la estabilidad y la equidad a nivel global.

Capítulo 6: El Futuro de la Inteligencia Artificial

Avances Tecnológicos Esperados

La inteligencia artificial continúa avanzando a un ritmo acelerado, con innovaciones que prometen transformar aún más nuestra sociedad, economía y vida diaria. Los avances tecnológicos en IA se centran en mejorar la capacidad, la eficiencia y la aplicabilidad de los sistemas existentes, así como en explorar nuevos horizontes que antes parecían inalcanzables.

1. Mejora de las Capacidades Cognitivas

Los futuros desarrollos en IA incluirán mejoras significativas en las capacidades cognitivas de las máquinas, permitiéndoles realizar tareas más complejas y tomar decisiones más sofisticadas.

- **Procesamiento del Lenguaje Natural:** Avances en esta área mejorarán la capacidad de las máquinas para comprender y generar lenguaje humano, facilitando interacciones más naturales y efectivas entre humanos y máquinas.

- **Aprendizaje Automático Autodidacta:** Las futuras generaciones de IA serán capaces de aprender de manera más autónoma, sin la necesidad de grandes cantidades de datos etiquetados previamente, a través de técnicas avanzadas de aprendizaje no supervisado y por refuerzo.

2. Integración Multidisciplinaria

La IA se integrará más profundamente en diversas disciplinas, desde la medicina y la biología hasta las ciencias sociales y las artes, abriendo nuevas áreas de investigación y aplicación.

- **IA en Medicina Personalizada:** Los avances permitirán el desarrollo de tratamientos personalizados más precisos basados en el análisis genético y biométrico realizado por sistemas de IA.

- **IA en Creatividad:** Nuevas herramientas de IA asistirán en procesos creativos, desde la generación de música y arte visual hasta la escritura creativa y el diseño, colaborando con humanos para producir obras innovadoras.

3. Expansión de la Autonomía

Los sistemas de IA se volverán más autónomos, capaces de operar independientemente en ambientes complejos y cambiantes, lo que será particularmente revolucionario en industrias como la automotriz y la aeroespacial.

- **Vehículos Autónomos:** La mejora en la tecnología de IA llevará a la adopción masiva de vehículos completamente autónomos, transformando no solo cómo viajamos sino también la estructura de nuestras ciudades.

- **Exploración Espacial Autónoma:** Robots inteligentes equipados con IA avanzada podrán explorar otros planetas y cuerpos celestes con una supervisión mínima desde la Tierra.

Ejemplos de Innovación Inminente

- **Google DeepMind:** Proyectos como AlphaFold ya están haciendo avances significativos en la predicción de estructuras de proteínas, lo cual tiene enormes implicaciones para la biología y la medicina.

- **OpenAI:** Desarrolla sistemas de IA que pueden realizar una variedad de tareas lingüísticas y matemáticas a niveles que rivalizan con la capacidad humana, indicando el potencial de futuras aplicaciones generales de IA.

Conclusión

Los avances tecnológicos en IA no solo expandirán las capacidades de las máquinas, sino que también abrirán nuevas oportunidades para abordar algunos de los problemas más desafiantes de la humanidad. La clave será gestionar estos avances de manera que maximicen los beneficios mientras se minimizan los riesgos asociados.

La IA y la Singularidad Tecnológica

La singularidad tecnológica, un concepto a menudo discutido en el contexto de la IA, se refiere al punto hipotético en el futuro cuando las capacidades de la inteligencia artificial superarán ampliamente la inteligencia humana, llevando a cambios impredecibles en la civilización humana.

1. Definición y Conceptos de la Singularidad

La idea de la singularidad tecnológica sugiere que una vez que se cree una IA con capacidades superinteligentes, ésta podría mejorar continuamente su propio diseño o crear IA aún más avanzada, resultando en un crecimiento exponencial de la inteligencia que es imposible de prever o controlar.

- **Auto-mejora IA:** La capacidad de una IA para realizar auto-mejoras significativas podría llevar a un ciclo de retroalimentación positiva donde la inteligencia artificial se desarrolla a una velocidad que los humanos no pueden comprender ni gestionar.

- **Implicaciones Éticas y Existenciales:** Este escenario plantea preguntas profundas sobre el control humano, la ética de crear entidades posiblemente conscientes y los riesgos asociados con una inteligencia que podría actuar según principios que no alinean con el bienestar humano.

2. Debate Académico y Científico

La singularidad es un tema de intenso debate entre científicos, ingenieros y filósofos, con opiniones que varían desde el escepticismo hasta la creencia en su inevitabilidad.

- **Perspectivas Críticas:** Algunos expertos argumentan que las limitaciones teóricas y prácticas en el desarrollo de la IA y la complejidad de la inteligencia humana limitarán la posibilidad de alcanzar una verdadera singularidad.

- **Proponentes:** Otros, como Ray Kurzweil, sostienen que la singularidad es un evento inevitable y relativamente inminente, pronosticando que la convergencia de tecnologías como la IA, la nanotecnología y la biotecnología transformará radicalmente la sociedad.

3. Preparación y Política

Independientemente de la posición que uno tome sobre la posibilidad de la singularidad, es crucial desarrollar políticas y estrategias para gestionar el rápido desarrollo de la IA.

- **Regulaciones y Salvaguardas:** Implementar estructuras regulatorias y salvaguardas para guiar el desarrollo seguro de la IA avanzada y asegurar que, incluso en el caso de avances rápidos, las tecnologías se desarrollen de manera que protejan los intereses humanos.

- **Colaboración Internacional:** Fomentar la colaboración internacional en la investigación de la IA y el desarrollo de políticas para abordar colectivamente los desafíos éticos, sociales y de seguridad que podrían surgir.

Ejemplos y Reflexiones

- **Proyectos de Investigación de IA de Vanguardia:** Iniciativas como el Proyecto de Inteligencia Artificial de Cambridge están

96

explorando activamente los riesgos asociados con las tecnologías avanzadas de IA, buscando entender mejor cómo podrían gestionarse los escenarios de singularidad.

Posibles Escenarios Futuros

El desarrollo futuro de la IA podría tomar muchas formas, dependiendo de una variedad de factores tecnológicos, económicos, sociales y políticos. Explorar estos posibles futuros ayuda a prepararnos para los cambios que podrían estar por venir y a influir en la dirección de ese desarrollo.

1. Escenarios Optimistas

En el mejor de los casos, la IA podría llevar a avances significativos en la calidad de vida, la salud, la seguridad y la sostenibilidad, ayudando a resolver algunos de los desafíos más grandes de la humanidad.

- **Mejora en la Salud y Longevidad:** La IA podría revolucionar la medicina, desde diagnósticos y tratamientos personalizados hasta la gestión y prevención eficaz de enfermedades, potencialmente extendiendo la esperanza de vida y mejorando su calidad.

- **Sostenibilidad y Gestión Ambiental:** La IA puede jugar un papel crucial en la gestión sostenible de los recursos naturales y la mitigación del cambio climático, optimizando el uso de energía y recursos y ayudando en la restauración de ecosistemas.

2. Escenarios Pesimistas

Por otro lado, el desarrollo de la IA también podría llevar a desafíos y riesgos significativos, especialmente si no se gestiona adecuadamente.

- **Desigualdad y Desestabilización Social:** Sin políticas efectivas, la IA podría exacerbar las desigualdades sociales y económicas, desplazando a grandes segmentos de la fuerza laboral y creando desestabilización social.

- **Riesgos de Autonomía y Control:** El desarrollo de sistemas de IA altamente autónomos podría resultar en situaciones donde el control humano sobre tecnologías críticas se vea comprometido, planteando riesgos de seguridad significativos.

3. Planificación y Estrategias de Mitigación

Anticipar estos escenarios y desarrollar estrategias para mitigar los riesgos mientras se maximizan los beneficios es crucial para guiar el desarrollo de la IA hacia un futuro deseable.

- **Políticas de Inclusión Tecnológica:** Desarrollar políticas que promuevan una distribución equitativa de los beneficios de la IA, asegurando que todos los sectores de la sociedad puedan acceder a las oportunidades que ofrece.

- **Estrategias de Gobernanza Global:** Establecer marcos de gobernanza global para la IA que coordinen los esfuerzos internacionales para gestionar el desarrollo de la IA de manera segura y ética.

Conclusión

El futuro de la inteligencia artificial es incierto y lleno de posibilidades tanto prometedoras como preocupantes. A través de una vigilancia cuidadosa, una planificación estratégica y una cooperación internacional, podemos guiar el desarrollo de la IA de manera que maximice sus beneficios y minimice sus riesgos, asegurando un futuro en el que la tecnología sirva al bien común global.

Capítulo 7: Ética y Responsabilidad en la Inteligencia Artificial

Debate sobre la Autonomía de la IA

El debate sobre la autonomía de la inteligencia artificial (IA) es uno de los más fundamentales y divisivos en el campo de la ética tecnológica. A medida que la IA se vuelve más capaz, las cuestiones sobre su autonomía plantean preocupaciones importantes acerca de la responsabilidad, el control y los límites de la tecnología.

1. Conceptualización de la Autonomía en Sistemas de IA

La autonomía en sistemas de IA se refiere a la capacidad de operar sin intervención humana directa, tomando decisiones en tiempo real basadas en datos y algoritmos preprogramados. Esta capacidad plantea desafíos éticos significativos, especialmente cuando las decisiones de la IA tienen consecuencias serias para los humanos.

Niveles de Autonomía: Exploración de los diferentes grados de autonomía en sistemas de IA, desde sistemas asistidos hasta sistemas completamente autónomos, y los desafíos éticos asociados con cada nivel.

2. Implicaciones de la Autonomía de la IA

La capacidad de la IA para operar independientemente introduce complejidades en la asignación de responsabilidad por sus acciones. Las decisiones automáticas pueden ser difíciles de prever y entender, especialmente si los sistemas evolucionan de maneras que sus creadores no anticiparon.

Responsabilidad y Accountability: Discusión sobre cómo la autonomía de la IA desafía nuestras nociones convencionales de responsabilidad, especialmente en situaciones donde es difícil atribuir resultados específicos a decisiones tomadas por la IA.

Consentimiento Informado: La autonomía de la IA también afecta la dinámica del consentimiento, especialmente en campos como la medicina o el derecho, donde la capacidad de tomar decisiones informadas puede verse comprometida por la complejidad de los sistemas automáticos.

3. Perspectivas sobre la Autonomía de la IA

Las perspectivas filosóficas y éticas sobre la autonomía de la IA varían ampliamente, desde aquellos que ven grandes beneficios hasta aquellos que advierten sobre riesgos significativos.

Debate Filosófico: Análisis de argumentos filosóficos que abogan tanto por la expansión de la autonomía de la IA como por su limitación estricta, basados en consideraciones de seguridad, ética y beneficio social.

Implicaciones Futuras: Reflexión sobre cómo la autonomía de la IA podría evolucionar en el futuro y los posibles escenarios que podríamos enfrentar, desde la optimización de la eficiencia hasta la pérdida de control humano sobre sistemas críticos.

Principios Éticos para el Desarrollo y Uso de la IA

Establecer y adherirse a principios éticos sólidos es crucial para guiar el desarrollo y la implementación de la inteligencia artificial de manera que maximice los beneficios y minimice los perjuicios para la sociedad.

1. Desarrollo de Principios Éticos Universales

La comunidad internacional ha comenzado a converger en torno a varios principios éticos clave para la creación y utilización de IA, que incluyen justicia, transparencia y responsabilidad.

Justicia y Equidad: Asegurar que los sistemas de IA no perpetúen desigualdades existentes o introduzcan nuevas formas de discriminación. Discusión sobre cómo los algoritmos pueden ser auditados para sesgos y diseñados para ser inclusivos y justos.

Transparencia y Explicabilidad: La importancia de desarrollar IA que sea transparente en sus procesos y decisiones, permitiendo a los usuarios entender y cuestionar las acciones tomadas por sistemas automáticos.

2. Implementación de Principios Éticos en la Práctica

La traducción de principios éticos en prácticas concretas es un desafío que requiere colaboración entre desarrolladores, reguladores, y la sociedad civil.

Directrices para Desarrolladores: Proporcionar a los desarrolladores de IA frameworks éticos claros que guíen el diseño y desarrollo de tecnologías, desde la fase de conceptualización hasta su despliegue y mantenimiento.

Educación y Formación: Fomentar programas educativos que integren la ética de la IA en la formación de todos los profesionales tecnológicos, preparándolos para enfrentar dilemas éticos con conocimiento y responsabilidad.

3. Ejemplos de Implementación de Principios Éticos

Examinar cómo diferentes organizaciones y gobiernos están aplicando principios éticos en el desarrollo y uso de la IA.

Iniciativas de la UE en Ética de la IA: Exploración de cómo la Unión Europea está liderando esfuerzos para integrar consideraciones éticas en el desarrollo y regulación de la IA, incluyendo la creación de grupos de expertos y la publicación de directrices éticas.

Regulación y Marco Legal

La creación de un marco legal robusto y adaptativo es esencial para manejar los desafíos presentados por la inteligencia artificial, asegurando que su desarrollo sea seguro, ético y beneficioso.

1. La Necesidad de una Regulación Eficaz

Discutir la importancia de la regulación para proteger a los individuos y a la sociedad, mientras se permite la innovación y el crecimiento en el campo de la IA.

Protección contra el Mal Uso: Cómo la regulación puede ayudar a prevenir el uso indebido de la IA, incluyendo el uso en vigilancia masiva, armamento y otros usos potencialmente dañinos.

Fomento de la Innovación: Considerar cómo las regulaciones pueden ser diseñadas para apoyar la innovación en IA, proporcionando claridad y estabilidad que beneficie tanto a los desarrolladores como a los usuarios de tecnología.

2. Desarrollo de un Marco Legal Integral

La necesidad de un marco legal que aborde específicamente las complejidades asociadas con la IA, incluyendo la propiedad intelectual, la responsabilidad por daños y la privacidad de los datos.

Legislación Internacional y Comparativa: Análisis de cómo diferentes países están abordando la regulación de la IA y qué lecciones pueden aprenderse de estos enfoques.

Cooperación Internacional: La importancia de la cooperación internacional en la creación de estándares y regulaciones que gestionen el impacto global de la IA, promoviendo un enfoque coherente y justo.

3. Ejemplos de Legislación y Regulación

Examinar casos específicos de cómo la regulación está siendo implementada a nivel nacional e internacional, y los efectos de estas políticas en la práctica.

Regulaciones de la IA en Estados Unidos y China: Contrastar los enfoques regulatorios de dos líderes mundiales en tecnología de IA, explorando cómo cada uno está moldeando el desarrollo global de la IA a través de su política interna.

Impacto de la Regulación en la Innovación: Discutir casos donde la regulación ha impactado positiva o negativamente en la innovación en IA, y qué se puede aprender de estos ejemplos.

Conclusión

El desarrollo responsable de la inteligencia artificial es uno de los desafíos más significativos de nuestra época. A través de un enfoque integrado que combine principios éticos claros, regulaciones bien diseñadas y una colaboración internacional efectiva, podemos asegurar que la IA se desarrolle de una manera que maximice sus beneficios y minimice sus riesgos, promoviendo un futuro más justo y sostenible para todos.

Capítulo 8: La Interacción Humano-IA

Integración de la IA en la Vida Cotidiana

La inteligencia artificial (IA) ha permeado diversos aspectos de la vida cotidiana, transformando fundamentalmente cómo interactuamos con nuestro entorno y realizamos nuestras tareas diarias. Desde la automatización del hogar hasta la personalización de los servicios, la IA se está convirtiendo en una presencia constante y a menudo invisible que mejora la eficiencia y la comodidad.

1. Automatización del Hogar

La integración de la IA en los hogares ha revolucionado la gestión del ambiente doméstico, ofreciendo soluciones inteligentes que aumentan la comodidad y la seguridad.

- **Sistemas Domóticos Inteligentes:** Dispositivos como termostatos, luces, y sistemas de seguridad que aprenden de los hábitos de los usuarios para optimizar automáticamente la temperatura, iluminación y seguridad, mejorando el consumo energético y la comodidad.

- **Asistentes de Hogar Virtuales:** Dispositivos como Amazon Echo y Google Home que permiten controlar por voz otros dispositivos inteligentes en el hogar, gestionar tareas diarias y obtener información instantánea.

2. Impacto en la Productividad Personal y Profesional

La IA también está redefiniendo la productividad tanto en entornos domésticos como profesionales, optimizando tareas y permitiendo nuevas formas de trabajo colaborativo.

- **Automatización de Rutinas Administrativas:** Software de IA que maneja eficientemente tareas repetitivas como programación de reuniones, gestión de correos electrónicos y organización de documentos, liberando a los usuarios para enfocarse en tareas más creativas y de mayor impacto.

- **Plataformas de Trabajo Colaborativo:** Herramientas que facilitan la colaboración a distancia, integrando IA para ayudar en la coordinación de proyectos, la optimización de horarios y la gestión de recursos, lo que es especialmente valioso en un mundo con creciente preferencia por el teletrabajo.

3. Personalización en Servicios y Entretenimiento

La IA está permitiendo un nivel sin precedentes de personalización en servicios y entretenimiento, adaptando experiencias a las preferencias individuales de los usuarios.

- **Servicios de Streaming Personalizados:** Plataformas como Netflix y Spotify que utilizan algoritmos para recomendar películas, programas de televisión y música basados en el historial previo de consumo del usuario, mejorando la experiencia del usuario y aumentando la satisfacción del cliente.

- **Aplicaciones de Salud Personalizadas:** Sistemas de IA que monitorizan variables de salud en tiempo real y ofrecen recomendaciones personalizadas basadas en el análisis continuo de datos de salud, contribuyendo a mejorar los hábitos de vida y prevenir enfermedades.

Relaciones Emocionales con Sistemas de IA

La capacidad de la IA para simular y responder a emociones humanas está abriendo nuevas dimensiones en la interacción humano-máquina, facilitando la formación de vínculos emocionales con sistemas artificiales.

1. Desarrollo de Vínculos Emocionales

El desarrollo de IA emocionalmente inteligente permite que los sistemas reconozcan y reaccionen a los estados emocionales de los usuarios, lo que puede tener aplicaciones terapéuticas y de soporte emocional.

- **IA para el Bienestar Emocional:** Asistentes virtuales que pueden detectar signos de estrés o tristeza en la voz del usuario y ofrecer apoyo emocional o consejos, lo que puede ser un recurso valioso para individuos que enfrentan soledad o problemas de salud mental.

- **Robots Sociales y de Compañía:** Robots como Pepper, que pueden interactuar de manera natural con los humanos, reconociendo emociones y adaptando sus respuestas para proporcionar compañía y apoyo, especialmente útil en contextos como residencias de ancianos o hospitales.

2. Implicaciones Éticas y Sociales

La formación de relaciones emocionales con máquinas plantea preguntas importantes sobre la naturaleza de estas interacciones y sus efectos a largo plazo en la sociedad.

- **Dependencia de la IA para el Apoyo Emocional:** Debates sobre los riesgos potenciales de depender demasiado de sistemas de IA para el apoyo emocional, incluyendo la posible disminución en las relaciones humanas y el desarrollo de expectativas poco realistas hacia la tecnología.

- **Autenticidad de las Interacciones:** Consideraciones sobre la autenticidad de las emociones expresadas por la IA y las implicaciones éticas de formar vínculos emocionales con entidades que no poseen sentimientos reales.

Futuro de la Comunicación y la Interacción

La IA está configurando el futuro de la comunicación y la interacción social, alterando las maneras en que nos conectamos y comunicamos con otros, tanto en contextos personales como profesionales.

1. Innovaciones en Comunicación Interpersonal

La IA está facilitando nuevas formas de comunicación que pueden superar barreras lingüísticas y geográficas, haciendo la comunicación global más accesible y eficiente.

- **Herramientas de Traducción Instantánea:** Dispositivos y aplicaciones que permiten la traducción en tiempo real de idiomas, facilitando la comunicación entre personas de diferentes países y culturas sin la barrera del idioma.

- **Realidad Aumentada y Realidad Virtual:** Tecnologías que integran IA para crear entornos virtuales en los cuales las personas pueden interactuar de manera más inmersiva y expresiva, ofreciendo nuevas plataformas para la socialización y el trabajo colaborativo.

2. Reconfiguración de las Normas Sociales

La influencia de la IA en las normas sociales está cambiando las expectativas y comportamientos en una variedad de contextos, desde la privacidad hasta la etiqueta en la comunicación.

- **Expectativas Cambiantes de Privacidad:** La omnipresencia de sistemas de IA capaces de analizar comunicaciones y comportamientos está alterando las percepciones tradicionales de privacidad, requiriendo un nuevo equilibrio entre beneficios tecnológicos y derechos individuales.

- **Impacto en las Dinámicas Sociales:** Análisis de cómo la IA está influyendo en las relaciones sociales, potencialmente cambiando la forma en que se forman y mantienen las amistades y relaciones profesionales, y los desafíos que esto presenta para la cohesión social.

Conclusión

La interacción entre humanos y sistemas de IA está redefiniendo muchos aspectos de la vida cotidiana, ofreciendo oportunidades emocionantes, pero también planteando desafíos significativos que requieren una reflexión cuidadosa y regulaciones informadas. A medida que avanzamos hacia un futuro cada vez más integrado con la IA, es crucial considerar cómo estas tecnologías afectan no solo nuestras capacidades y eficiencia, sino también nuestras relaciones y valores sociales.

Capítulo 9: Mitos y Realidades sobre la Inteligencia Artificial

La inteligencia artificial (IA) es un campo que, debido a su complejidad y al impacto que tiene en nuestra vida diaria, está rodeado de muchos mitos y conceptos erróneos. Estos malentendidos pueden llevar a falsas expectativas o incluso a temores infundados sobre lo que la IA puede y no puede hacer. Es esencial desmitificar estas ideas para tener una comprensión clara y equilibrada de la IA, permitiendo a la sociedad aprovechar sus beneficios mientras se gestionan adecuadamente sus riesgos.

Desmitificación de Conceptos Erróneos

La IA, en su desarrollo y aplicación, ha sido objeto de numerosas percepciones erróneas. Estos mitos a menudo distorsionan la comprensión pública de la IA y pueden influir negativamente en la adopción de políticas, la inversión en investigación y la aceptación general de la tecnología.

1. Mito 1: La IA es una Tecnología Reciente

Uno de los conceptos erróneos más comunes es que la IA es una tecnología completamente nueva, surgida en las últimas dos décadas. En realidad, la inteligencia artificial tiene sus raíces en los años 1950, cuando pioneros como Alan Turing y John McCarthy comenzaron a explorar las posibilidades de crear máquinas que pudieran "pensar".

- **Historia de la IA:** La historia de la IA abarca más de medio siglo de desarrollo, con avances clave como la creación del primer programa de IA en los años 50, el desarrollo de redes neuronales en los 80, y la revolución del aprendizaje profundo en la última década.

- **Evolución de la IA:** La evolución de la IA ha sido un proceso gradual, marcado por períodos de optimismo ("veranos de la IA") y escepticismo ("inviernos de la IA"), hasta llegar a los avances significativos que vemos hoy en día.

2. Mito 2: La IA Piensa como un Ser Humano

Existe la creencia de que las máquinas de IA piensan y razonan de la misma manera que los seres humanos. Sin embargo, la IA, en su forma actual, no posee la capacidad de entender o experimentar el mundo como lo hace un ser humano.

- **Procesos de Decisión de la IA:** La IA opera mediante el procesamiento de grandes cantidades de datos para identificar patrones y hacer predicciones. No tiene conciencia, emociones o intuición; en su lugar, sigue algoritmos predefinidos que interpretan datos de manera estadística.

- **Limitaciones Cognitivas:** Aunque la IA puede superar a los humanos en tareas específicas (como jugar al ajedrez o reconocer patrones en imágenes), carece de la comprensión contextual y de la capacidad de generalizar conocimiento a nuevos dominios de manera efectiva.

3. Mito 3: La IA es Infalible y Objetiva

Muchas personas asumen que los sistemas de IA, al ser creados por matemáticas y algoritmos, son inherentemente objetivos y libres de errores. Sin embargo, los sistemas de IA pueden ser tan buenos o malos como los datos con los que se entrenan y las suposiciones subyacentes en sus modelos.

- **Sesgo en los Algoritmos:** Los algoritmos de IA pueden heredar sesgos presentes en los datos de entrenamiento, lo que puede llevar a resultados discriminatorios en áreas como la contratación, la concesión de préstamos y la justicia penal.

- **Errores y Fallos:** La IA también puede cometer errores, especialmente en situaciones imprevistas o cuando se enfrenta a datos que están fuera del ámbito de su entrenamiento. Ejemplos de esto incluyen fallos en el reconocimiento facial y errores en la conducción autónoma.

4. Mito 4: La IA Reemplazará a los Humanos en Todos los Trabajos

Un temor común es que la IA conducirá a la pérdida masiva de empleos, reemplazando a los humanos en casi todas las profesiones. Si bien es cierto que la IA automatizará ciertas tareas, no todos los trabajos están en riesgo, y muchos roles requerirán la supervisión y el juicio humano.

- **Automatización de Tareas:** La IA es más efectiva en la automatización de tareas repetitivas y predecibles. Sin embargo, trabajos que requieren creatividad, empatía y pensamiento crítico seguirán necesitando la intervención humana.

- **Transformación del Trabajo:** Más que reemplazar a los humanos, la IA está transformando muchos trabajos, requiriendo nuevas habilidades y creando nuevas oportunidades en campos emergentes como la ciencia de datos, la ciberseguridad y el desarrollo de IA.

5. Mito 5: La IA Pronto Alcanzará la Conciencia

Algunas personas creen que la IA está a punto de alcanzar la conciencia y la inteligencia general similar a la humana. Sin embargo, la realidad es que estamos muy lejos de desarrollar una inteligencia artificial general (AGI) que pueda rivalizar con la inteligencia humana en todos los aspectos.

- **Inteligencia Artificial General vs. IA Estrecha:** La IA actual es una IA estrecha, diseñada para realizar tareas específicas. La AGI, que podría aprender y aplicar el conocimiento de manera general, sigue siendo un objetivo teórico y distante, con desafíos científicos y filosóficos significativos por superar.

- **Limitaciones Actuales:** Las tecnologías actuales de IA carecen de la capacidad para entender, razonar o experimentar el mundo de manera consciente. Cualquier conversación sobre IA consciente es puramente especulativa en este momento.

Aclaración de Falsas Expectativas

Además de los mitos, existen numerosas expectativas sobre la IA que no están alineadas con la realidad tecnológica actual. Estas expectativas, si no se gestionan adecuadamente, pueden llevar a desilusiones y a una mala implementación de la tecnología.

1. Expectativa 1: La IA Resolverá Todos los Problemas Sociales y Económicos

Existe una percepción de que la IA es una panacea que puede resolver todos los desafíos sociales y económicos, desde el cambio climático hasta la pobreza. Si bien la IA tiene un gran potencial para contribuir a la solución de estos problemas, no es una solución mágica.

- **Contribución de la IA:** La IA puede mejorar la eficiencia en la agricultura, optimizar el consumo de energía, y facilitar la distribución de recursos en la atención médica, pero estos avances requieren un enfoque coordinado y no pueden funcionar de manera aislada.

- **Limitaciones de la Tecnología:** La IA debe ser vista como una herramienta poderosa dentro de un marco más amplio de soluciones políticas, sociales y económicas, que requieren la colaboración de múltiples actores y la intervención humana.

2. Expectativa 2: La IA se Desarrollará Sin Barreras y a un Ritmo Exponencial

Muchas personas creen que el desarrollo de la IA es inevitable y que continuará a un ritmo exponencial sin enfrentar barreras significativas. Sin embargo, existen numerosos desafíos técnicos, éticos y regulatorios que pueden ralentizar o alterar este desarrollo.

- **Desafíos Técnicos:** A pesar de los avances recientes, la IA enfrenta problemas complejos como la explicación de decisiones de la IA, la generalización de aprendizajes y la gestión de grandes volúmenes de datos de manera segura y eficiente.

- **Regulación y Ética:** La preocupación por la privacidad, la seguridad y el impacto social de la IA está llevando a un aumento en la regulación que podría desacelerar su implementación en ciertas áreas.

3. Expectativa 3: La IA Es Asequible y Fácilmente Implementable

Algunas organizaciones y personas asumen que la IA puede ser fácilmente adoptada e implementada sin grandes inversiones de tiempo, dinero y recursos humanos. En realidad, el desarrollo y la implementación de IA requieren inversiones significativas y un enfoque estratégico.

- **Costo de la IA:** El desarrollo de soluciones de IA eficaces requiere acceso a grandes cantidades de datos, infraestructuras tecnológicas avanzadas y personal altamente cualificado, lo que puede ser prohibitivo para muchas pequeñas y medianas empresas.

- **Complexidad en la Implementación:** La integración de sistemas de IA en procesos existentes puede ser compleja, requiriendo ajustes en la infraestructura de TI, formación del personal y cambios en la cultura organizacional.

4. Expectativa 4: La IA Será Totalmente Segura y Confiable

Existe la expectativa de que la IA será inherentemente segura y que se podrá confiar completamente en sus decisiones y recomendaciones. Sin embargo, como cualquier tecnología, la IA está sujeta a riesgos y vulnerabilidades que deben ser gestionados.

- **Vulnerabilidades de Seguridad:** Los sistemas de IA pueden ser objeto de ataques, como la manipulación de datos de entrenamiento o la explotación de vulnerabilidades en los algoritmos, lo que podría llevar a decisiones incorrectas o dañinas.

- **Confiabilidad de la IA:** La confiabilidad de la IA depende de la calidad de los datos y los algoritmos utilizados. Los fallos en la recogida de datos o en el diseño de algoritmos pueden afectar negativamente el rendimiento de la IA.

5. Expectativa 5: La IA Será Independiente de la Supervisión Humana

Una creencia común es que los sistemas de IA eventualmente podrán operar de manera completamente independiente, sin necesidad de supervisión humana. Sin embargo, la realidad es que la supervisión humana sigue siendo crucial para garantizar que la IA funcione de manera ética y segura.

- **Necesidad de Supervisión Humana:** La supervisión humana es esencial para interpretar los resultados de la IA, intervenir en casos de decisiones críticas y asegurar que los sistemas de IA operen dentro de los límites éticos y legales.

- **Cooperación Humano-IA:** En lugar de reemplazar completamente a los humanos, la IA debería ser vista como una herramienta que complementa y amplía las capacidades humanas, facilitando el trabajo y la toma de decisiones en numerosos sectores. La cooperación entre humanos y sistemas de IA puede maximizar la eficacia y la seguridad, integrando la intuición y el juicio humano con la velocidad y la precisión de la IA.

- **6. Expectativa 6: La IA Eliminará Todos los Errores Humanos**

- Otro concepto erróneo común es la idea de que la IA eliminará todos los errores humanos. Aunque la IA puede reducir significativamente la frecuencia de errores en ciertas tareas, no es infalible y puede, a su vez, introducir nuevos tipos de errores.

- **Errores de IA:** Los errores en la programación, sesgos en los datos o fallos en la interpretación de situaciones complejas pueden llevar a que los sistemas de IA cometan errores, algunos de los cuales pueden ser difíciles de prever o diagnosticar debido a la naturaleza opaca de algunos algoritmos de aprendizaje automático.

- **Gestión de Errores:** La integración de sistemas de supervisión y revisión continua es crucial para identificar y corregir errores en tiempo real, asegurando que los sistemas de IA sigan siendo confiables y seguros.

- **Conclusiones y Perspectivas Futuras**

- Desmitificar los conceptos erróneos y aclarar las falsas expectativas sobre la inteligencia artificial es vital para el desarrollo saludable y ético de esta tecnología. A medida que la IA continúa evolucionando, es esencial que tanto los desarrolladores como el público general mantengan una comprensión informada y matizada de sus capacidades y limitaciones. Esto incluye reconocer que, si bien la IA ofrece herramientas poderosas para mejorar la sociedad, su implementación debe gestionarse con cuidado para evitar riesgos potenciales y asegurar que sus beneficios sean distribuidos equitativamente.

- **Educación Continua:** Es crucial que se realicen esfuerzos continuos para educar al público y a los profesionales sobre la realidad de la IA, incluyendo su funcionamiento, aplicaciones y limitaciones potenciales.

- **Desarrollo Ético y Regulado:** Los formuladores de políticas y los desarrolladores deben trabajar juntos para crear un marco regulador que promueva un desarrollo ético de la IA, garantizando que se respeten los derechos y la dignidad de todas las personas involucradas.

- **Participación Pública:** Fomentar una discusión pública y abierta sobre la IA y sus impactos en la sociedad puede ayudar a garantizar que su desarrollo refleje los valores y necesidades de una amplia gama de comunidades y stakeholders.

- Al abordar los mitos y realidades de la IA con transparencia y rigurosidad, podemos asegurarnos de que esta tecnología sirva como un catalizador para el progreso humano, mejorando la vida sin comprometer los valores éticos fundamentales.

Capítulo 10: Reflexiones sobre el Futuro

La influencia de la inteligencia artificial (IA) en el futuro es un tema de vasta importancia, que abarca desde transformaciones tecnológicas hasta cambios en la estructura social y cultural global. Este capítulo ampliado busca explorar en profundidad cómo la IA podría moldear diversos aspectos de nuestras vidas y la sociedad en general, subrayando la necesidad de una gestión cuidadosa y una responsabilidad compartida.

Perspectivas Individuales y Colectivas

Impacto en la Vida Personal

A nivel individual, la IA promete transformar la vida cotidiana, haciendo que las tareas diarias sean más eficientes y personalizadas.

- **IA en la Gestión Personal**: Avances en IA personal podrían llevar a asistentes aún más inteligentes capaces de gestionar desde finanzas personales hasta decisiones de salud, ofreciendo consejos basados en el análisis continuo de datos personales.

- **Realidad Aumentada y Virtual**: La IA mejorará las tecnologías de realidad aumentada y virtual, ofreciendo experiencias inmersivas que podrían cambiar la forma en que viajamos, aprendemos y experimentamos el entretenimiento.

Transformación Social y Cultural

A nivel colectivo, la IA tiene el potencial de redefinir la cultura y la sociedad, impactando la estructura de nuestras comunidades y nuestras interacciones sociales.

- **Cambio en el Entorno Laboral**: La IA transformará el mercado laboral, no solo a través de la automatización sino también creando nuevas industrias y profesiones. Este cambio requerirá una redefinición de la educación y la capacitación laboral.

- **Impacto en las Artes y la Cultura**: La IA influirá en las artes, potenciando nuevas formas de creatividad que podrían llevar a la aparición de nuevos géneros artísticos y prácticas culturales.

Desafíos y Oportunidades en la Convivencia

La integración de la IA en la sociedad no está exenta de desafíos, especialmente en cuanto a la ética y la equidad.

- **Ética y Justicia**: Es esencial que se desarrollen y apliquen normativas éticas para asegurar que la IA se utilice de manera justa y que sus beneficios sean accesibles para todos, evitando la creación o exacerbación de desigualdades.

- **Participación Pública**: Fomentar una mayor participación pública en la toma de decisiones sobre la IA para asegurar que el desarrollo tecnológico refleje un amplio rango de necesidades y valores.

Responsabilidad Compartida

El desarrollo de la IA es una responsabilidad compartida que requiere la colaboración activa de múltiples sectores de la sociedad.

Responsabilidad de los Desarrolladores

Los desarrolladores tienen un papel crucial en asegurar que la IA se diseñe y funcione de manera ética y segura.

- **Principios de Diseño Responsable**: Incorporar principios de diseño ético desde las primeras etapas de desarrollo de la IA, considerando los impactos potenciales en todos los usuarios.

- **Pruebas y Validaciones Rigurosas**: Asegurar que los sistemas de IA sean robustos y seguros a través de pruebas exhaustivas antes de su implementación.

Rol de los Gobiernos y Organismos Reguladores

Los reguladores deben establecer y mantener un marco legal que promueva un desarrollo equitativo y seguro de la IA.

- **Marco Regulatorio Dinámico**: Desarrollar regulaciones que puedan adaptarse a la rápida evolución de la IA, protegiendo los derechos de los individuos y promoviendo la innovación sostenible.

- **Fomento de la Investigación Ética**: Incentivar la investigación en IA que priorice soluciones a problemas sociales significativos, como el cambio climático, la salud global y la educación.

Contribución Comunitaria y Empresarial

Las empresas y las comunidades también deben participar activamente en la configuración del desarrollo de la IA.

- **Compromiso Corporativo con la Ética**: Animar a las empresas a adoptar normativas éticas en el desarrollo de IA y a colaborar con entidades reguladoras y académicas para promover prácticas responsables.

- **Educación y Formación Continua**: Ampliar las oportunidades educativas para preparar a la sociedad para los cambios traídos por la IA, incluyendo la redefinición de los currículos escolares y universitarios para incorporar habilidades relevantes para el futuro.

Conclusión

Reflexionar sobre el futuro de la inteligencia artificial es crucial para anticipar y moldear cómo esta tecnología impactará nuestras vidas. A través de la cooperación entre desarrolladores, reguladores, empresas y la sociedad civil, podemos asegurar que la IA se desarrolle de una manera que beneficie a todos y respete los valores fundamentales humanos. Al fomentar un diálogo inclusivo y una responsabilidad compartida, podemos guiar la evolución de la IA hacia un futuro que promueva tanto la innovación como la equidad.

La inteligencia artificial (IA) es una de las fuerzas tecnológicas más transformadoras de nuestro tiempo, con el potencial de reconfigurar las economías, las sociedades y nuestras vidas individuales. En este capítulo final, recapitularemos los temas clave discutidos a lo largo del libro y ofreceremos una reflexión profunda sobre las implicaciones más amplias de la IA para el futuro de la humanidad.

Recapitulación de Temas

1. La Evolución y el Estado Actual de la IA

El desarrollo de la IA ha sido una trayectoria de innovación continua, marcada tanto por avances tecnológicos significativos como por desafíos éticos y prácticos. Desde sus orígenes en la mitad del siglo XX hasta su estado actual, la IA ha evolucionado desde simples algoritmos hasta sistemas complejos capaces de aprendizaje profundo y toma de decisiones autónomas.

- **Avances Clave**: Se han explorado los avances tecnológicos en el aprendizaje automático, el procesamiento del lenguaje natural y la robótica, subrayando cómo estos han impulsado la adopción de la IA en diversas industrias.

- **Aplicaciones Prácticas**: La IA ha encontrado aplicaciones en sectores tan variados como la salud, las finanzas, la educación y el transporte, cada uno con sus propios beneficios y retos específicos.

2. Impacto Social y Ético de la IA

El impacto de la IA va más allá de la tecnología, afectando profundamente los aspectos éticos y sociales de nuestra existencia. Se ha discutido cómo la IA plantea preguntas fundamentales sobre la privacidad, el empleo, la equidad y la moralidad.

- **Desafíos Éticos**: Las cuestiones de sesgo, discriminación y responsabilidad en los sistemas de IA han sido de especial preocupación, requiriendo un enfoque cauteloso y reflexivo para su gestión.

- **Efectos en el Empleo**: La automatización impulsada por la IA promete eficiencia, pero también plantea riesgos significativos de desplazamiento laboral, subrayando la necesidad de políticas que fomenten una transición justa para los trabajadores afectados.

3. Futuro de la IA y su Gobernanza

Mirando hacia el futuro, la trayectoria de la IA está abierta a numerosos posibles desarrollos, cada uno con su propio conjunto de promesas y precauciones. La gobernanza de la IA, tanto a nivel nacional como internacional, será crucial para asegurar que su desarrollo sea ético y equitativo.

- **Regulaciones y Políticas**: Se ha enfatizado la importancia de desarrollar un marco regulatorio robusto que pueda adaptarse a los rápidos cambios en el campo de la IA y proteger los intereses de todos los ciudadanos.

- **Colaboración Global**: La cooperación internacional será esencial para abordar los desafíos globales que presenta la IA, desde la seguridad cibernética hasta las normas éticas internacionales.

Reflexión Final

La IA como Catalizador de Cambio

La IA no es simplemente una herramienta tecnológica, sino un catalizador de cambio profundo. Tiene el potencial para redefinir lo que significa ser humano y cómo interactuamos entre nosotros y con nuestro entorno.

- **Potencial para el Bien**: La IA ofrece oportunidades sin precedentes para mejorar la calidad de vida, hacer avances médicos, y solucionar problemas ambientales complejos. Es un testamento a la capacidad humana para innovar y mejorar las condiciones de vida en el planeta.

- **Necesidad de Cautela**: Sin embargo, esta poderosa tecnología también requiere que procedamos con cautela. La historia de la IA debe ser una de reflexión continua y compromiso con los principios éticos, asegurando que la tecnología sirva al bien común.

El Papel de Todos

El futuro de la IA no está escrito. Es una narrativa que será co-escrita por desarrolladores de tecnología, legisladores, filósofos y, crucialmente, por el público general. Cada persona tiene un papel que desempeñar en la configuración de este futuro.

- **Educación y Compromiso**: La educación continua sobre la IA y la participación en discusiones democráticas sobre su uso y regulación son esenciales para garantizar que su desarrollo sea inclusivo y considerado.

- **Visión Colectiva**: Juntos, podemos forjar una visión del futuro en la que la IA no solo exacerbe los desafíos actuales, sino que también contribuya a un mundo más justo y sostenible.

Conclusión

En conclusión, mientras nos embarcamos en este próximo capítulo de la historia humana, el curso que tomemos con la IA definirá no solo la próxima era de la innovación tecnológica, sino también la esencia misma de nuestra sociedad y humanidad. Con una consideración cuidadosa y un compromiso ético, podemos asegurarnos de que la inteligencia artificial sirva como una fuerza para el bien, ampliando nuestras capacidades sin comprometer nuestros valores más preciados.

Epílogo: Mirando hacia el Futuro de la Inteligencia Artificial

A medida que cerramos este extenso viaje a través del mundo de la inteligencia artificial (IA), es esencial reflexionar sobre las profundas transformaciones que esta tecnología está destinada a traer a nuestra sociedad. Hemos explorado desde sus fundamentos técnicos hasta sus aplicaciones, desafíos éticos, y potencial futuro, intentando dar una visión comprensiva y equilibrada. Sin embargo, el paisaje de la IA evoluciona a un ritmo tan rápido que cada día puede traer un nuevo descubrimiento o invención, abriendo aún más el horizonte de lo posible.

Un Futuro Conformado por la IA

La IA, como hemos visto, no es solo una herramienta o una serie de algoritmos; es un cambio de paradigma en cómo interactuamos con la tecnología y, a través de ella, cómo interactuamos entre nosotros y con el mundo. Las máquinas inteligentes que hoy están en sus etapas iniciales de desarrollo prometen ser tan revolucionarias como lo fue la invención del motor de vapor o la llegada de la computación.

Impacto en la Sociedad

El impacto de la IA se extiende más allá de la eficiencia económica o la optimización tecnológica; tiene el potencial de redefinir lo que significa ser humano. A medida que las máquinas asumen tareas cada vez más complejas, desde conducir nuestros automóviles hasta gestionar nuestra salud, se plantea la pregunta fundamental de qué actividades y capacidades queremos conservar como esencialmente humanas y cuáles estamos dispuestos a delegar a las máquinas.

Desafíos Éticos y Morales

Hemos discutido ampliamente los desafíos éticos que presenta la IA. Estos desafíos no son meramente hipotéticos o futuristas; son reales, inmediatos y profundamente significativos. La manera en que abordemos cuestiones de privacidad, sesgo, autonomía y responsabilidad determinará la estructura de nuestras futuras instituciones sociales y políticas. La responsabilidad de diseñar, regular y implementar la IA de manera ética recae en todos nosotros: desarrolladores, legisladores, académicos y ciudadanos.

La Necesidad de un Enfoque Colaborativo

Para navegar este futuro, se requerirá un enfoque colaborativo y multidisciplinario. Necesitamos la sabiduría de los filósofos, la creatividad de los artistas, la precisión de los ingenieros, y la visión de los planificadores políticos. Sobre todo, requerimos un diálogo público informado y continuo que pueda guiar el desarrollo de la IA de manera que respete nuestros valores más profundos y aspire a un mundo más justo y sostenible.

Continuar el Diálogo y la Educación

Este libro es parte de un diálogo más amplio y, espero, un recurso que sirva para educar y inspirar a los lectores sobre el potencial y las precauciones de la IA. La educación es fundamental, no solo para trabajar en el campo de la IA, sino para vivir en un mundo moldeado por esta. Las decisiones que tomemos ahora, cómo educamos a nuestras generaciones futuras, cómo diseñamos nuestras políticas y cómo conceptualizamos nuestros derechos y responsabilidades, todo esto influirá en la trayectoria de la IA.

Conclusión

En última instancia, la historia de la inteligencia artificial es la historia de nosotros mismos: nuestros sueños, nuestros miedos, nuestras aspiraciones y nuestros dilemas éticos. Como todas las grandes herramientas de cambio, la IA es un espejo de nuestras intenciones más ambiciosas y nuestros temores más profundos. Al aceptar tanto la promesa como los riesgos de la IA, podemos esperar no solo administrar esta poderosa tecnología, sino también guiarla para que refleje lo mejor de lo que significa ser humano.

Mientras avanzamos hacia un futuro incierto pero lleno de posibilidades, nuestro desafío más grande y emocionante será asegurar que la inteligencia artificial no solo sea inteligente, sino también sabia.

Apéndice

El apéndice proporciona recursos adicionales, un glosario de términos clave relacionados con la inteligencia artificial, y referencias bibliográficas exhaustivas para profundizar en los temas tratados en el libro. Esta sección es esencial para lectores que deseen ampliar su comprensión o explorar más a fondo ciertos aspectos de la inteligencia artificial.

Glosario de Términos

El glosario es una herramienta crucial para cualquier lector, ya sea un novato en la materia o un profesional experimentado, que busca clarificar términos técnicos o jerga específica de la industria. Algunos términos clave incluyen:

- **Algoritmo**: Una serie de instrucciones programadas destinadas a realizar una tarea específica.

- **Aprendizaje Automático (Machine Learning)**: Un subcampo de la inteligencia artificial que se centra en la idea de que las máquinas pueden aprender de los datos, identificar patrones y tomar decisiones con mínima intervención humana.

- **Redes Neuronales Artificiales**: Modelos computacionales inspirados en el sistema nervioso humano que son capaces de realizar tareas de reconocimiento de patrones y clasificación.

- **Inteligencia Artificial General (AGI)**: Una forma de IA que tiene la capacidad de entender, aprender, y aplicar inteligencia en un nivel equivalente al humano en una amplia gama de disciplinas.

- **Procesamiento del Lenguaje Natural (PLN)**: Una disciplina de la IA que se centra en la interacción entre las computadoras y los humanos a través del lenguaje natural, como el hablado o el escrito.

- **Robótica**: La rama de la tecnología que se ocupa del diseño, construcción, operación y aplicación de robots.

Recursos Adicionales

Esta sección proporciona una lista de recursos recomendados para aquellos interesados en profundizar más en la inteligencia artificial. Incluye libros, sitios web, cursos en línea, y organizaciones líderes en el campo de la IA.

- **Libros Recomendados**: Listado de publicaciones esenciales para entender varios aspectos de la IA, desde su fundamentación teórica hasta aplicaciones prácticas.

- **Sitios Web y Blogs**: Direcciones de sitios web y blogs que ofrecen noticias actualizadas, artículos de opinión, y desarrollos en el campo de la IA.

- **Cursos y Certificaciones**: Información sobre plataformas educativas que ofrecen cursos en línea para aprender sobre IA, desde introducciones básicas hasta cursos avanzados.

- **Conferencias y Workshops**: Información sobre eventos importantes en el campo de la IA que pueden ofrecer oportunidades de aprendizaje y networking.

Referencias Bibliográficas

Las referencias bibliográficas proporcionan la documentación necesaria para todas las fuentes citadas a lo largo del libro. Esta sección es esencial para la integridad académica del texto y permite a los lectores verificar y consultar las fuentes originales para una exploración más profunda de los temas.

- **Artículos Académicos**: Citas completas de los artículos de investigación que proporcionan la base científica para los argumentos presentados en el libro.

- **Libros**: Detalles de todos los libros referenciados a lo largo del texto.

- **Fuentes en Línea**: Enlaces y citas completas de todas las fuentes digitales utilizadas, asegurando que los lectores puedan acceder fácilmente a ellas para obtener más información.

Conclusión del Apéndice

Este apéndice está diseñado para ser una herramienta útil que complementa la información presentada en el libro, ofreciendo un acceso fácil a definiciones clave, recursos para un aprendizaje más profundo, y citas exhaustivas que respaldan la investigación y las afirmaciones hechas a lo largo del texto. Estos recursos son fundamentales no solo para entender mejor la inteligencia artificial, sino también para participar de manera informada y crítica en las conversaciones sobre su futuro desarrollo y su impacto en la sociedad.